JN412334

성서를 통해 맛보는

생명의 밥상 평화의 세상

성서를 통해 맛보는

생명의 밥상 평화의 세상

정경호

대한기독교서회

성서를 통해 맛보는
생명의 밥상 평화의 세상

2013년 10월 10일 초판 1쇄

지은이/정경호
펴낸이/정지강
펴낸곳/대한기독교서회
편집책임/권오인·이혜자·민소영

등록/1967년 8월 26일 제1-77호
주소/135-090 서울시 강남구 삼성동 169-1
전화/편집 553-0873~4 영업 553-0870~7
팩스/편집 3453-1639 영업 555-7721
e-mail/editor@clsk.org
http://www.clsk.org

직영서점/기독교서회
종로5가 기독교회관 1층, 전화 744-6733 팩스 745-8064

값/9,500원 책번호/2028
ISBN 978-89-511-1681-0 03230

The Christian Literature Society of Korea, Seoul
Printed in Korea

머리말

2008년 미국산 쇠고기 수입 문제가 부각되자 온 나라가 촛불을 들고 일어났다. 우리나라의 역사를 되돌아볼 때 당시처럼 밥상 문제로 떠들썩하게 시위한 적은 없었던 것 같다. 이는 국민 모두가 밥상 곧 건강의 문제에 지대한 관심을 가지고 있다는 증거이다. 이러한 시점에 우리의 밥상에 올라오는 먹을거리를 신학적인 시각으로 분석해보는 것은 매우 흥미로운 일이 될 것이다. 특히 성서에 나타난 다양한 밥상에 대하여 바른 성서적 이해와 함께 신학적인 의미를 찾아보는 것은 우리의 신앙과 삶에 더욱 의미 있는 일이 될 것이다.

이 책은 크게 두 부분으로 나누어지는데 첫 번째 부분은 구약성서에 나타난 생명 평화의 밥상을 다루고 있다. 첫 번째 부분은 구약성서에 담겨 있는 일곱 종류의 밥상을 찾아본 후 그 속에 배어 있는 신학적·윤리적 의미를 되새긴다. 필자는 아담과 이브의 에덴의 밥상과 낯선 나그네들을 초청하여 대접하는 아브라함과 사라의 환대의 밥상을 비롯하여 구약성서에서 맛볼 수 있는 영양가 있는 밥상에 보다 신학적인 의미를 살려 차려보았다. 두 번째 부분은 신약성서에서 맛볼 수 있는 일곱 종류의 생명 평화의 밥상을 맛있게 차려 소개해보았다. 세례 요한의 절제의 밥상과 주기도에 나타난 예수 그리스도의 일용할 밥상을 비롯하여 신약성서에서 맛볼 수 있는 여러 밥상은 신앙의 갱신, 교회의 개혁, 나아가서 세계와 모든 생명 공동체를 향한 '하나님의 선교'에까지 이르도록 한다.

한국교회는 선교 초기부터 모든 악습과 구습을 타파해나가는 교회였다. 특히 양반과 종, 남자와 여자, 노인과 청소년 등의 차별을 뛰어넘어 함께 밥을 먹었던 평등의 공동체 곧 밥상 공동체였다. '음식이 복음이다.'라는 말이 있듯이 음식을 통해서 하나님의 오묘한 사랑을 발견하고 예수 그리스도의 구원의 참뜻을 깨닫는다면 그것은 '음식복음'이라 말할 수 있을 것이다. 마치 어린 아기가 엄마의 젖을 먹음으로써 엄마를 알 수 있듯이 하나님의 형상대로 지음 받은 우리가 하나님께서 선물로 주신 음식을 먹음으로써 그 속에 담겨 있는 하나님의 사랑을 맛볼 수 있으며 동시에 그 음식 속에 담겨 있는 하나님의 창조세계를 바라볼 수 있어야 하는 것이다.

그래야만 끝이 보이지 않는 인간의 탐욕과 소비지향적인 삶의 구조가 우리의 눈에 들어오고 기후온난화로 인한 자연적 재앙이 비로소 눈에 들어오게 된다. 또한 음식 속에 담겨 있는 고귀한 하나님의 뜻을 깨달아야만 우리 사회에서 소외되고 가난한 지극히 작은 자들이 보이게 될 것이다. 오늘날 세계의 곡물을 독점하는 북반구 세계와 그 속에 있는 다국적 곡물 회사들이 이를 깨닫고, 신음하고 있는 남반구 세계와 함께 음식을 나누고 사랑을 나눔으로써 평화롭게 살아가는 세상이 되어야만 하나님 보시기에 심히 좋은 세상, 아름다운 세상이 되는 것이다.

이런 점에서 '음식신학 음식윤리'의 일환으로 차려본 『성서를 통해 맛보는 생명의 밥상 평화의 세상』은 꽤나 흥미롭고도 맛있는 책이 될 것으로 믿는다.

2013년 9월 1일

대평리 마을에서

정경호

차례

제2부 신약성서에서 맛보는 생명의 밥상 평화의 세상

제1부

구약성서에서 맛보는

생명의 밥상 평화의 세상

01

농부 하나님의 사랑의 손길을 맛보는 에덴의 밥상

에덴의 밥상은 지역농산물로 차려진 밥상이요
하나님의 우주적 사랑을 맛볼 수 있는 밥상이며
하나님 보시기에 가장 기쁘고 좋은 생명·정의·평화의 밥상이다.
그러므로 에덴의 밥상은 종말론적 하나님 나라의
희미한 그림자인 것이다.

우리가 매일 먹는 밥 곧 밥상은 특별한 경우의 사람들을 제외하고는 매일 하루에 세 번은 대한다. 우리는 이러한 밥상을 늘 반복하여 마주하기 때문에 밥상의 소중한 의미와 중요성을 잊어버린 채 그냥 지나쳐버릴 때가 너무 많다. 5년 전, 미국산 쇠고기 수입 문제가 부각되자 수입산 쇠고기 반대 촛불집회가 거국적으로 일어난 것을 우리는 기억한다. 우리나라의 역사를 되돌아볼 때 2008년만큼 밥상 문제로 온 나라가 떠들썩한 적은 없었을 것이다. 이는 국민 모두가 밥상 문제에 지대한 관심을 가지고 있다는 증거이다.

이러한 시점에서 우리의 밥상에 올라오는 먹을거리를 신학적인 시각으로 분석해보는 것은 매우 흥미로운 일이 될 것이다. 우리의 생명을 지탱시켜주는 먹을거리의 출처가 불분명한, 얼굴 없는 것인지, 아니면 하나님이 원하시는 '풍성한 생명'을 주는 건강한 먹을거리인지를 분명히 알고 있어야 한다. 그뿐 아니라 먹을거리를 생산하는 사람들이 철저하게 자신의 이익을 위해 일하는 다국적기업인지, 아니면 하나님이 주신 먹을거리로 사람을 살리고 자연을 살리겠다고 하는 생명·정의·평화의 일꾼들인지를 꼼꼼히 살펴보아야 한다. 우리 앞에 놓인 여러 먹을거리 가운데 건강한 먹을거리를 최우선적으로 선택하여 먹어야 하는 것은 하나님께서 주신 생명을 생명 되게 하는 것이므로 이는 너무나 중요한 일이다.

하나님께서 첫 사람 아담과 이브를 창조하신 후, 사랑하고 돌보며 평화롭게 살게 한 에덴동산은 농부 하나님께서 생명의 기운을 불어넣어 살게 하신 생명의 동산이요 생명의 마을이었다. 하나님께서 창조하신 우주와 태양과 달과 별, 공기와 물과 바람, 바다와 강과 개울, 꽃과 풀과 갖가지의 나무들, 이름 모를 작은 벌레들, 크고 작은 동물들, 이 모든 것은 하나같이 아담과 이브에게 다정하고도 포근한 이웃이 되었다. 뿐만 아니라 에덴이라고 하는 생명이 풍성한 동산을 마을로 살아가는 사람, 아담과 이브는 매순간 하나님과 대화를 나누는가 하면, 매순간 하나님의 신비한 은총의 손길과 사랑을 맛보며 살아갔다. 하나님은 자신의 형상에 따라 창조하신 첫 사람, 아담과 이브를 통해서 모든 인류가 지향해야 할 삶의 참 모습을 보여주고자 하셨다. 그것은 반(反)생명적인 오늘의 세상에서 생명의 충만함을 지니고 살아가야 할 참 사람의 모습과, 미움과 시기, 분노와 싸움, 가난과 질병, 탐욕과 자연파괴 그리고 전쟁이 난무하는 반(反)평화적인 세상에서 참 평화의 모습을 지닌 참 사람을 보여주고자 하신 것임에 틀림없다.

에덴동산 둘러보기

구약성서의 창세기는 "하나님이 지으신 그 모든 것을 보시니 보시기에 심히 좋았더라"(창 1:31)고 한다. 이처럼 하나님 보시기에 심히 좋았다고 한 에덴동산을 상상해보는 것은 매우 흥미 있는 일이다. 아담과 이브가 함께 농부가 되어 살아가던 생명 평화의 텃밭 곧 에덴 마을은 어디일까? 에덴동산이 어디에 위치해 있었을까 하는 것은 그리 중요한 질문은 아니지만 굳이 지리적인 위치를 물어온다면 그곳은 오늘날의 터키가 가장 근사한 곳이라고 말할 수 있다. 그 이유는 에덴동산을 발원지로 하고 있는 네 강의 이름 중 아시리아 동편으로 흐르는 힛데겔이라고 하는 티그리스 강과 유프라테스 강에서 찾을 수 있는데, 이 강들의 발원지가 지금의 터키 땅에 위치하고 있기에 터키야말로 에덴동산이 자리하던 곳일 가능성이 많다. 우리가 아는 티그리스 강과 유프라테스 강은 거기서 발원해서 멀고먼 파사만(灣)을 향해 흘러내리는 것이다.

고대 팔레스타인, 수리아, 메소포타미아 지역에 분포되어 자라난 식물만도 115과에 속하는 700속의 2,300종이나 된다고 한다. 이중 구약성서와 신약성서에 등장하는 식물은 약 90종인데, 당시 사람들이 즐겨 먹었던 것은 밀과 보리였다. 밀과 보리는 가을철의 이른 비가 내릴 때 파종하여 그 다음해 초여름에 추수하였는데 밀보다 보리를 먼저 거두어들였다. 추수한 밀로는 최상품의 밀가루와 빵을 만들어 먹은 반면에 보리는 가난한 농부들의 음식이었다. 밀가루로 만든 빵은 식사 때마다 빠져서는 안 될 주식이었고 제사 의식에 사용되는 무교병

과 과자와 전병을 포함하여 빵을 굽는 데 가장 중요한 곡식이었다.(출 29:2)

에덴의 마을 여기저기에는 손만 뻗으면 따 먹을 수 있는 과일나무들이 있었을 것이다. 팔레스타인과 고대 근동지방의 가장 대표적인 과일나무는 무화과나무와 포도나무와 올리브나무이다. 풍요와 번영을 뜻하는 무화과나무는 포도원 근처나 길가, 집 뜰 등에서 흔히 볼 수 있는 나무로 그 열매는 여름 동안에 익어 6월에서 9월 사이에 수확한다. 기쁨과 박애와 자선을 상징하는 포도나무는 기후가 보다 따뜻한 지역에서 널리 재배되었다. 포도나무에서 주렁주렁 열리는 포도는 그대로 따서 먹거나 건포도를 만들어 먹었다. 그리고 포도주로도 만들어 먹었는데 포도주는 특히 잔치에서는 빠져서는 안 될, 흥을 돋우는 데 꼭 필요한 음료였다. 그리고 순수하고 소박한 평화를 뜻하는 올리브나무는 늘 푸른 나무로서 5월에 작은 흰색 꽃이 피고 10월에 열매를 추수한다. 올리브 열매는 초록색일 때도 먹을 수 있지만, 보통 진한 밤색이 되도록 기다렸다 먹는다. 대부분은 식초와 소금에 절여서 먹는다. 올리브기름은 음식에 많이 쓰이고, 등잔 기름, 약, 향수, 비누의 재료로 쓰이기도 한다. 또한 이스라엘 사람들이 왕과 제사장을 세울 때, 그 머리에 붓는 기름으로 사용되는 없어서는 안 될 중요한 것이었다.

이러한 에덴동산을 머리에 그려보면서 먼저 창세기 1-2장에 나타난 에덴의 사람, 아담과 이브의 모습을 생각해보는 것도 의미 있는 일이 될 것이다. 창세기 1장과 2장에는 두 가지 창조 이야기가 나온다. 첫 번째 창조 이야기는 1:1-2:4 상반절까지인데, 이 이야기의 배경은 기원전 6세기의 바벨론이다. 당시 바벨론에 포로로 끌려간 히브리인들은 그곳의 해, 달, 별 등을 신으로 섬기던 바벨론의 각종 종교와 문화에 매몰되어 자신들의 신앙의 정체성마저 잃어버리며 살고 있었다. 이러한 히브리인들을 향해 우주와 천지와 인간을 만드신 분은 하나님이지 결코 바벨론의 신들이 아님을 첫 번째 창조 이야기를 통하여 증언하고 있는 것이다.

우리 인간에게 생명을 주신 하나님은 자연을 아름답게 창조하시며 농사를 잘 지을 수 있도록 비를 내리셔서 생명을 풍성하게 만드는 하나님이시다. 비록 뜻하지 않게 주위의 환경이 생명을 위협하는 사회·경제·정치·환경적 요인으로 바뀌어 우리 인간의 생명에 크나큰 위험이 닥쳐온다 하더라도 하나님은 인간과 자연 그리고 모든 생명 공동체가 생명이 충만하고 온전하며 그 생명이 풍성하기를 바라시는 분임을 우리는 잘 알 수 있다. "모든 것을 보시니 보시기에 심히 좋았더라"는 말씀이 그것이다. 그러므로 첫 번째 창조 이야기는 하나님을 믿고 의지하며 살아가는 신앙의 사람이란 사회·경제·정치·문화적인 여러 악조건 속에서도 그것을 극복해나가면서 가장 아름답고도 복된 땅, 에덴을 만들어가는 것이며 동시에 생명이 풍성한 삶을 살아가는 것임을 강조한 것이다.

농부 하나님

여기에 비해서 창세기 2:4 하반절에서 25절에 나타나는 두 번째 창조 이야기는 1장에 나오는 인간 창조를 구체화시킨 것이다. 1994년에 나온 『새로운 성서주석』(*New Interpreter's Bible*)은 이 부분을 "창조에 대한 다른 시각"(another look at creation)이라고 표현하였다. 여기에 나타나는 하나님의 창조의 배경은 비가 잘 오지 않아 물이 필요하고, 땅도 거칠고 척박하며 강대국에 둘러싸여서 언제나 외세의 침입을 받는 바벨론 포로기 이전의 이스라엘 땅이다. 이스라엘에는 이처럼 전쟁의 위협과 정치·경제·사회·환경적 위기가 도사리고 있었다. 두 번째 창조 이야기는 첫 번째와 달리 하나님의 창조 이야기와 아담과 이브에게 생명을 공급해주시는 하나님을 보다 자세하게 설명하고 있으며 에덴이라는 마을 역시 비교적 상세하게 소개하고 있다.

그러므로 두 번째 창조 이야기는 나라 안팎으로 위기와 위험에 놓여 있던 당시 이스라엘 사람들에게 하나님께서 우주와 자연과 세상을 창조하셨으며, 전쟁도 없고 가뭄도, 기근도 없는 아름답고 복된 에덴 마을에서 아담과 이브를 살게 하셨음을 상기시킨다.(창 2:15) 이는 이스라엘 사람들에게 큰 위로와 용기의 말씀으로 다가왔을 것이다. 에덴은 고대 이스라엘 사람들에게 희망이요 구원이었으며 오늘 우리에게도 하나님이 그리시는 아름다운 세상을 향해 새로운 삶을 출발하게 한다. 구약성서학자인 브루그만(W. Brueggmann)은 천지창조에 대한 각각 다른 시각의 관점이라 하더라도 세상을 창조하신 하나님은 생명을 풍성하게 하시는 생명의 주(主)이심을 역설한다.

창조를 뜻하는 히브리 말은 '바라'(bara)인데 이는 끊임없이 일하시는 하나님의 행동에 관련된 말이며, 에덴은 그 자체로 '아름다운 곳'이라는 뜻을 지니고 있다. 그렇기에 하나님은 우리 인간이 머무는 곳이 어떤 땅이든 늘 '아름다운 곳'으로 만들어가시며 또한 우리를 향해서도 생명이 풍성하며 아름답고 즐거우며 참으로 복된 삶을 살아가기를 원하시는 것이다. 서구에서는 자연을 선물로 주시고 공기와 물과 햇볕을 통해 아름다운 자연이 되도록 관리하시며 돌보시는 하나님을 '정원사 하나님'으로 묘사하기도 한다. 그러나 동양에서는 친히 고랑과 이랑을 만들어 고랑에 생명·정의·평화의 물을 대시며 농사를 지어 생명·정의·평화의 열매를 맺게 하시는 하나님을 '농부 하나님'으로 이해한다. 농부 하나님의 창조의 손길에 따라 아담과 이브 또한 농부로서 밭을 갈고 돌보며 살아갔다.

시인 고 채희동 목사의 시 <농부 하나님>은 찬양으로도 불리고 있는데 이는 하나님의 모습을 농부로 해석하는 뜻깊은 시이기도 하다.

1. 태초에 하나님께서 세상을 만드실 때
   땀 흘려 일하는 농부를 먼저 만드셨네
   씨 뿌리고 생명을 돌보아라 땅을 돌보아라
   오늘도 새날을 일구시는 농부 하나님
2. 논밭을 갈고 갈아 일하는 농부들은
   참되고 거룩한 주님의 참된 사제지요
   농부처럼 주님의 일을 하라 일은 거룩하다
   우리를 위하여 일하시는 농부 하나님
3. 한 톨의 쌀을 서로 나누는 사람에게
   주님의 거룩한 나라가 지금 임하지요
   밥은 밥은 주님께 속하도다 밥은 생명이다
   우리에게 밥을 먹이시는 농부 하나님
4. 손잡고 어깨 걸고 두둥실 춤을 출 때
   하나님 우리와 에루야 춤을 추시네
   하나님 함께 계시니 풍년이다 춤을 추어라
   신명난 나라를 이루시는 농부 하나님

고 채희동 목사에 의하면 하나님은 하늘에만 계시는 분이 아니라 손수 팔을 걷어붙이고 씨를 뿌리시며 돌보시고 땀 흘려 일하시는 농부이시다. 그분은 친히 비를 내리시고 햇빛을 주시고 농사를 지어서 우리에게 밥을 먹여주신다. 이렇게 만들어진 밥이야말로 하나님께 속한 것이기에 밥은 생명이라고 고백하는 것이다.

오늘의 세상에서 하나님의 형상을 그나마 많이 유지하고 있는 사람이 있다면 그는 바로 흙과 더불어 땀을 흘리며 살아가는 농부일 것이다. 왜냐하면 농부는 가난하지만 하나님이 창조하신 천지와 우주, 해와 달과 별, 물과 공기의 고마움을 아는 사람이기 때문이다. 그는 형형색색의 꽃들과 각종 채소와 과실을 맺는 나무들을 보면서 하나님의 '사랑의 음성'을 가슴으로 듣고, 온몸으로 하나님의 임재를 느낀다. 그렇기에 하나님과 가장 가까운 거리에서 하나님을 의지하며 살아가는 사람이라 말할 수 있다. 아담과 이브가 바로 그런 농부였던 것이다.

지역농산물로서의 에덴의 밥상

하나님은 첫 사람을 창조하신 후 "내가 온 지면의 씨 맺는 모든 채소와 씨 가진 열매 맺는 모든 나무를 너희에게 주노니 너희의 먹을거리가 되리라"고 말씀하셨다.(창 1:29) 이는 성서에서 제일 처음으로 '먹을거리'라는 말이 나타나는 곳이다. 농부이신 하나님께서는 아담과 이브를 에덴동산의 농부로 부르셔서 땅을 일구어 자연도 살리고 생명공동체도 보존하며 사람의 생명도 안전하게 하는 생명 살림의 농사를 짓게 하셨다. 그들은 하나님의 창조의 정신에 따라 씨앗을 뿌려 채소를 가꾸고 생명의 물이 넘쳐흐르는 강 좌우편에 있는 무화과나무, 포도나무, 올리브나무 그리고 각종 나무들을 잘 가꾸었다. 아담과 이브가 채소를 잘 가꾸고 나무들이 풍성한 열매를 맺도록 잘 돌보았기에 그 나무들은 시절에 따라 각기 풍성한 열매를 맺을 수 있었다.

에덴의 밥상은 아담과 이브가 자신의 마을에서 고랑과 이랑을 만들어 물을 주고 가꾸어 싱싱하게 잘 자란 지역농산물(local food)이었으며 완전한 유기농 채소와 나무 열매들이었고 온전한 생명 되게 하는 안전한 식품이었다. 아담과 이브의 밥상은 그 어떤 공해와 오염에도 노출되지 않았기에 그곳에는 우리 몸에 해로운 유해색소가 전혀 보이지 않는다. 에덴의 밥상에는 요즘처럼 과다하게 들어 있는 멜라민도 보이지 않으며, 식사 후에 얼굴이 굳어지고 어지럽고 머리가 아픈 MSG(Mono Sodium Glutamate)라는 화학조미료도 보이지 않는다. 에덴의 밥상은 농약으로부터도 철저하게 해방된 먹을거리였으며 나아가서 유전자조작 식품과도 전혀 상관이 없었다. 뿐만 아니라 우리의 밥상에 들어오기까지 긴 시간과 많은 기름이 소요된 푸드 마일(food mile)의 음식이나 신선도를 유지하기 위하여 뿌린 갖가지의 포스트 하비스트(post harvest)와도 거리가 먼 가장 완벽한 먹을거리였다. 포스트 하비스트란 수확 후 농약과 함께 방부제, 살균제, 방사능 처리 등 21가지를 사용하여 신경계질환 등을 유발하는 식품 등을 일컫는데 이는 모두 다 생명을 위협하는 반생명적인 음식이다. 에덴의 밥상에는 닭튀김과 도너츠에 들어 있는 트랜스지방도 전혀 없으며, 환경호르몬으로부터도 철저하게 자유롭고 각종 항생제와 성장호르몬이 듬뿍 들어 있는 사료만을 먹고 자란 동물로부터도 자유로운 밥상이었다.

아담과 이브는 하나님의 창조의 정신에 충실한 농부였다. 그들은 하나님의 창조의 아름다움의 신비를 결코 훼손하지 않았으며 하나님께서 위임해주신 모든 생명 공동체를 잘 관리하고 보존하며 지켜나간 하나님의 에덴 마을 사람들이었으며 진실된 농부였다. 그러므로 하나님께서 아담과 이브를 위해 친히 마련해두신 먹을거리는 인체에 해로운 그 어떤 화학약품도, 첨가물도, 방부제도, 살충제도, 살균제도, 유해색소도, 유전자조작 식품도, 환경호르몬도, 트랜스지방도 그리고 푸드 마일도 없는 온전한 유기농의 생명 살림의 먹을거리였던 것이다. 하나님이 우리에게 원하시는 착한 먹을거리는 바로 이러한 것들임에 틀림없다.

하나님의 우주적 사랑을 맛보는 에덴의 밥상

에덴의 밥상은 하나님의 우주적 사랑과 창조의 신비를 맛보는 밥상이다. 아담과 이브가 정성껏 가꾼 신선한 채소와 탐스러운 열매들은 하나님이 그들에게 넘치도록 주신 선물이다. 하나님의 사랑이 담긴 선물인 음식물은 아담과 이브의 입으로 들어가 그들에게 아낌없이 자신의 영양분을 주고 있는 것이다. 아담과 이브야말로 에덴의 밥상을 통하여 지구적·우주적 생명 공동체를 사랑하시는 하나님의 창조의 지고의 아름다움을 느끼며 감상하는 미학적 신학자가 된 것이다.

시인 이문재는 〈식탁은 지구다〉라는 시를 통해 밥상 위에 펼쳐진 오늘의 오염된 문명을 바라보면서 밥상을 지키는 일이야말로 새로운 미래를 여는 것이라고 역설한다.

중국서 자란 고추
미국 농부가 키운 콩

이란 땅에서 영근 석류
포르투칼에서 선적한 토마토
적도를 날아온 호주산 쇠고기
식탁은 지구다

어머니 아버지
아직 젊으셨을 때
고추며 콩
석류와 토마토
모두 어디에서
나는 줄 알고 있었다
닭과 돼지도 앞마당서 잡았다
삼십여 년 전
우리 집 둥근 밥상은
우리 마을이었다

이 음식 어디서 오셨는가
식탁 위에 문명의 전부가 올라오는 지금
나는 식구들과 기도 올리지 못한다
이 먹을거리들
누가 어디서 어떻게 키웠는지
누가 어디서 어떻게 만들었는지
누가 어디서 어떻게 보냈는지
도무지 알 수 없는 탓이다
뭇 생명들 올라와 있는 아침이다

문명 전부가 개입해 있는 식탁이다

식탁이 미래다
식탁에서 안심할 수 있다면
식탁에서 감사할 수 있다면
그날이 새날이다
그날부터 새날이다

시인이 "식탁은 지구다"라고 말한 것처럼, 그는 얼굴 없는 공장식 식탁 곧 탐욕의 덩어리와 그로 인한 불량한 식탁들을 거부하는 건강한 식탁에서 새날과 새 사회가 건설될 것이라고 이야기한다. 이는 마치 김지하 시인이 1970년대 "밥이 하늘이다."라고 역설하면서 철저하게 가난한 자들과 밥의 나눔을 통하여 의롭고 참된 하나님의 나라를 꿈꾼 것과 같다. "잡곡밥 한 그릇 김치 한 보시기 같은 소박한 밥상은 전 우주가 참여해서 차려지는 밥상"이기에 "밥 한 그릇이 우주"이며 심지어 "나락 한 알 속에 우주가 있다."라는 장일순 선생의 말처럼 그리고 "한 조각의 빵은 우주의 몸이다."라고 말한 틱낫한 선사의 말처럼, 우리는 에덴의 밥상을 통해서 온 우주를 창조하신 하나님을 맛볼 수 있는 것이다. 마치 어린 아기가 엄마의 젖을 먹음으로써 엄마를 알아가고 엄마의 사랑을 맛보는 것처럼 하나님께서 우리에게 선물로 주신 음식을 통해 우리는 하나님의 사랑을 맛보며 하나님을 알아가는 것이다. 다시 말해서 아담과 이브는 에덴의 밥상을 통해 자신들을 사랑하시는 하나님을 만나는 것이다.

에덴의 밥상은 하나님의 신비한 창조의 섭리를 맛보고 음미하면서 감사하는 은총의 자리이며 동시에 에덴의 밥상 속에는 지구적·우주적 생명 공동체를 사랑하시는 하나님의 사랑이 풍성하게 담겨 있다. 그러므로 아담과 이브의 에덴의 밥상은 우리로 하여금 하나님의 창조의 손길을 맛보게 하고, 우리 자신의 죄성을 철두철미 참회하게 하며, 나아가서 지금까지 지내온 것에 대한 감사와 함께 자신의 사명을 더욱 다지게 하는 결단의 밥상이다. 우리가 밥상머리에 앉아 음식을 먹을 때마다 얼버무려 기도를 한 후, 아무런 생각도 없이 대충 먹거나, 급한 마음으로 허둥지둥 먹거나, 허기를 때우기 위해서 밥을 먹어치운다면 결코 하나님을 맛볼 수 없을 것이다.

그렇기에 우리는 밥 한 순갈을 뜰 때마다 밥 한 알 속에 들어 있는 하나님의 창조세계의 신비하고도 오묘한 세계를 생각해야 하고 그 속에 있는 미미한 나 자신과 섬기고 봉사할 작은 이웃과 교회와 세상을 머리에 떠올리면서 천천히 음미하며 먹어야 한다. 그래야만 오늘도 살아 역사하시는 하나님을 맛볼 수 있는 것이며 지구적·우주적 생명 공동체를 사랑하시는 하나님의 뜻을 참되게 깨달을 수 있을 것이다.

하나님 보시기에 가장 기쁘고 좋은 생명·정의·평화의 밥상

에덴의 밥상은 하나님께서 보시기에 심히 기뻐하며 좋아하신 지고(至高)의 기쁨의 밥상이다. 하나님께서 창조하신 모든 자연과 갖가지 채소와 나무들을 농부 아담과 그의 아내 이브는 잘 관리하며 보살폈다. 그들은 하나님께서 준비하여 주신 먹을거리와 함께 그들의 순수하고도 따뜻한 사랑을 먹으며 행복하게 살아갔고, 이 모든 것을 보신 하나님께서는 심히 좋아하고 매우 기뻐하셨다.(창 1:31) 이렇게 하나님은 자신의 형상에 따라 흙으로 사람을 빚어 그 코에 하나님의 생기를 불어넣어 사람이 되게 하신 후(창 1:27) 평화롭고 생명이 넘치는 에덴동산에서 가장 축복된 에덴의 밥상을 먹게 하신 것이다. 아담과 이브야말로 에덴의 밥상을 통하여 하나님의 최상의 아름다움을 맛보는 미식가였다. 하나님이 손수 마련해주신 밥상 앞에서 기뻐하고 감사하면서 먹는 것을 보시니 하나님마저도 신이 나서 심히 좋아하신 것임에 틀림없다. 이러한 에덴의 밥상이야말로 종말론적인 하나님의 나라의 희미한 그림자인 것이다.

그러나 오늘의 밥상은 하나님께서 보시면 심히 마음 아파하실 밥상으로 바뀐 지 벌써 오래이다. 여기저기에서 전쟁과 내전으로 하나님의 형상을 입은 인간의 생명이 부서지고 깨어지는 세상은 생명·정의·평화의 밥상을 맛본 에덴의 마을과는 거리가 멀다. 부익부 빈익빈의 양극화된 세상에서 살인적인 빈곤으로 하루에 2만 4,000명이 굶어 죽어가도록 방치하는 세상은 반에덴의 모습이다. 오늘도 여전히 개발이라는 명목으로 자연이 뽑혀지고 부서져서 매 1초마다 축구장 하나만큼의 삼림이 사라지고 있으며, 하루에 100여 종의 생물이 사라지고 있다는 것 또한 반에덴의 모습이다. 그리고 우리가 사용하고 있는 차량에서 뿜어내는 엄청난 이산화탄소로 인하여 지구온난화를 촉진시킨 생태적인 죄성을 깨닫지 못하고 있는 것도 에덴의 모습이 아니며 그로 인한 자연적인 재앙이 일어나도 무감각한 채, 계속해서 자연을 황폐케 하고 이산화탄소를 뿜어대고 있는 오늘 우리의 삶도 하나님의 생명·정의·평화의 동산 에덴과는 정반대의 모습인 것이다. 이는 결코 하나님이 그리시며 꿈꾸신 에덴적인 삶이 아니라 하나님께서 마음 아파하실 세상이요 밥상인 것이다.

하나님이 만드신 첫 마을과 첫 사람들이 숨을 쉬며 살았던 에덴동산은 생명·정의·평화가 풍성한 마을이었기에 하나님이 보시고 심히 기뻐하며 좋아하셨다. 하나님이 코에 생명을 불어넣어 주신 첫 사람 아담과 이브는 불량음식, 독소가 들어 있는 음식, 유해색소와 각종 농약에서 해방된 생명·정의·평화의 먹을거리를 먹으며 하나님의 사랑과 은혜를 맛본 사람이었기에 하나님께서 보시기에 심히 좋아하신 것이다. 오늘처럼 생명의 먹을거리가 아닌 생명을 위협하는 생명 죽임의 먹을거리가 득실거리는 세상에서 우리가 지닌 존귀한 하나님의 형상들이 부서지고 있는 때도 없다. 오늘처럼 하나님께서 우리 인간을 위해 선물로 주신 귀한 생명 살림의 먹을거리에 대해서 불신한 적도 없다. 어디서 온 것인지를 알 수 없는 얼굴 없는 먹을거리, 온갖 농약으로 점철된 탐욕의 먹을거리, 성장호르몬과 항생제로 뒤범벅이 된 온갖 고기류는 우리의 생명을 위협하고 있다. 이는 하나님 보시기에 심히 마음 아파하시는 세상인 것이다.

오늘만큼 에덴의 생명 텃밭에서 차려진 생명 살림의 밥상이 절실하게 필요한 때도 없으며 세상의 평화가 절실하게 요청된 때도 없다. 창세기의 에덴의 밥상은 우리에게 암묵적으로 보여준 풍성한 생명(abundant life)이요 충만한 생명(life in fullness)이며 건강하고도 안전한 생명(security of life)의 한 모습으로서 에덴을 통해 미리 보여주신 종말론적인 새로운 날의 모습이기도 하다. 오늘도 가난하고 병들고 신음하며 절규하고 있는 이들 속에 하나님이 계시기에 우리는 모두 그들이 풍성한 생명 평화를 누릴 수 있도록 낮은 곳을 향하여 내려가야만 한다. 그리하여 모두가 똑같이 기뻐하고 모두가 더불어 살아가면서 밥상을 나누어 먹는 세상, 생명·정의·평화의 세상을 만들어가야만 한다.

그때 비로소 세상은 하나님의 에덴동산이 되는 것이다. 그래야만 하나님께서 우리를 보시며, 심히 기뻐하고 좋아하실 것이다.

"내 아버지께서 이제까지 일하시니 나도 일한다"(요 5:17)라는 예수 그리스도의 말씀처럼 생명·정의·평화가 풍성한 에덴의 밥상, 에덴의 세상을 회복하는 일이 오늘 우리 한국교회의 중요한 신학적·윤리적 과제임은 두말할 여지가 없다. 이러한 하나님의 생명·정의·평화의 동산을 회복하는 첫걸음은 첫사람 아담과 이브처럼 친히 농부가 되어 밭을 갈아 이랑과 고랑을 만들어 씨앗을 뿌리고 가꾸며 작은 식물 하나에게서 생명·정의·평화의 영성의 의미를 배워나가는 데서 시작한다. 그리하여 에덴의 밥상은 모든 사람이 충만한 생명, 온전한 생명 그리고 풍성한 생명을 누릴 수 있는 세상을 지향하며 부익부 빈익빈의 뒤틀려 있는 양극화의 세계에서 하나님의 정의가 바로 세워지는 세상을 꿈꾸는 것이다. 나아가 에덴의 밥상은 생태 파괴를 비롯한 온갖 폭력과 테러와 전쟁을 사라지게 하며 하나님의 평화를 실현해나가는 그것이다. 그렇게 되면 반생명적이고도 반평화적인 이 세상의 독소 덩어리들을 변화시켜 복되고 아름다운 하나님의 나라의 모습으로 하나씩 둘씩 만들어갈 수 있을 것이다.

02

낯선 손님을 대접하는 아브라함과 사라의 환대의 밥상

환대의 밥상이란 지극히 작은 자들은 물론
낯설고 생소한 사람들을 하나님의 선물로 여기고
지극 정성으로 섬기고 대접하는 것이다.

고대 이스라엘과 중동 유목민의 환대문화는 생존의 기술이었다. 당시에는 사람들이 이곳저곳으로 옮겨 다닐 때 쉼터나 물 또는 음식을 먹을 수 있는 식료품 가게나 여관이 없었다. 그렇기에 다른 사람들을 대접하는 일은 자신이 여행하게 될 때 똑같이 대접받는다는 뜻이 되었다. 이렇게 환대는 고대 세계를 떠받치는 기본 개념이었다. 특히 이집트를 탈출하여 떠돌이생활을 한 백성들에게 나그네나 홀로된 여성, 부모 없이 홀로 살아가는 고아들을 대접하는 법을 계약법에 넣어 엄격한 규범으로 지키게 할 정도로 고대 이스라엘에서는 생소하고 낯선 이들을 따뜻한 밥상으로 환대하였던 것이다. 그들은 손님을 극진히 대접하였고 음식과 잠자리를 제공하였으며 심지어 손님의 가축도 돌보아주었다.

고대 이스라엘이나 중동의 문화에서 볼 때, '음식은 환대의 표현'이며 '환대는 음식과 신앙이 만나는 접촉점'이 됨을 알 수 있다. 그렇기에 구약성서 전반에 걸쳐서 환대를 의로운 행동이라고 말하고 있으며 신약성서학자인 존 코닉(John Koenig)은 그의 책 『환대의 신학』에서 사도행전에 나타난 초대교회는 성령의 역사로 인해 교회가 급속도로 발전하여 나간 것이 사실이지만 그 이면에 환대의 신앙이 있었기에 가능했다고 역설한다. 이렇게 본다면 기독교적 환대는 매우 중요하고도 아름다운 그리스도인의 삶의 덕목 중 하나임에 틀림없다.

환대란 무엇인가?

환대(hospitality)라는 말은 그리스어 호스페스(hospes)에서 왔는데, 이 말은 '손님' 또는 '주인'을 뜻하는 말로서 손님이나 주인, 낯선 이방인을 너그럽게 대하는 것을 의미한다. 심지어 적의(敵意, hostile)를 띤 원수 같은 사람에게도 따뜻하게 대해주며 그들을 가족처럼 맞이하는 것도 환대에 포함된다. 다시 말해서 환대는 가족이나 친지들에게 가정의 따뜻함과 편안함을 주는 것이며 그들에게 기쁨과 새 힘을 제공해주는 것과 깊게 연관되어 있다. 뿐만 아니라 환대에는 이웃이 힘든 노동으로 지쳐 있거나, 폭염으로 온몸이 땀범벅이 되어 괴로워할 때 또한 추위로 오한이 들어 떨고 있을 때 편안한 휴식의 자리를 제공하면서 음식을 대접하는 일도 포함된다. 적이나 원수조차 따뜻한 마음으로 환영하며 사랑과 정성과 맛이 듬뿍 담긴 음식을 마음껏 먹을 수 있도록 대접하는 타자 중심의 따뜻한 접대 역시 환대이다.

이러한 환대를 학문적으로 정리하고 심층적으로 체계화한 사람은 알제리 태생의 프랑스 철학자 자크 데리다(Jacques Derrida)이다. 그는 환대의 문제를 철학의 중요한 주제로 삼아 환대의 개념을 이해하는 데 새로운 눈을 열어주었다. 데리다는 그의 책 『환대에 대하여』에서 성서에 나타나는 절대적인 환대 또는 무조건적인 환대가 가지는 맹점을 창세기 19장과 사사기 19장을 통하여 설명한다. 창세기 19장은 손님을 지키기 위해 자신의 딸을 소돔 남자들에게 내어놓아 결국 성폭행당해 죽게 한 롯의 이야기이며, 사사기 19장은 손님을 지키기 위해 자신의 딸과 손님의 둘째 부인을 폭도들에게 성폭행당하게 내어준 이야기이다.

데리다는 이런 성서의 사건들을 주시하면서 무조건적 환대의 문제점을 두 가지로 지적하는데, 첫째, 무조건적 환대라고 해서 무조건적으로 다 좋은 것은 아니며, 둘째, '환대의 법'을 만든 것이 가정의 폭군으로서의 남성, 아버지, 남편이었기에 무조건적 환대는 철저하게 여성의 생명과 인권을 무시한 환대였다는 것이다. 그렇기에 데리다는 환대를 절대적 또는 무조건적 환대와 조건적 또는 상대적 환대로 나누어서 설명한다.

그는 절대적 또는 무조건적 환대가 "통상적 의미에서의 환대와의 단절, 조건부적 환대와의 단절, 환대의 권리 또는 계약과의 단절을 전제"로 한다고 한다. 그에 의하면, 무조건적 환대란 자신의 집을 아무런 제재나 계약 없이 무조건적으로 개방하여 낯선 손님, 심지어 많은 사람들이 꺼리는 이방인들조차 조건 없이 접대하며 받아들이는 것을 의미한다. 그러므로 절대적 환대는 주인의 입장이 아닌 손님 또는 낯선 이방인의 입장에서 환대하는 것이며, 손님의 이름을 불러 초청한 방문이 아닌 갑작스러운 방문에 대한 환대이다. 심지어 낯선 이방인이나 심지어 적이라 하더라도 그들에게 자신의 집을 개방하여 무조건적으로 환대하는 것을 뜻한다.

여기에 반해서 조건적 환대는 언제나 조건적인 권리와 의무가 있으며 모든 환대의 법철학이 "가족·시민 사회·국가에 걸쳐 규정하고 있는 환대의 권리와 의무"로 구성되어 있다고 한다. 그러므로 조건적 환대는 주인의 입장에서 환대하는 것이며, 이름을 불러 초대하여 접대하는 것이고, 나를 전적으로 개방하여 맞이하는 것이 아니라 상대방을 조건적으로 맞이하는 것이다. 다시 말해 우리에게 다가오는 손님 또는 이방인에 따라 환대할 것인지, 거절할 것인지에 대한 규정과 그들이 마땅히 지켜야 할 권리와 의무 그리고 구체적인 상황에 따라 환대할 것인지 말 것인지를 결정하는 것을 일컬어 조건적인 환대라 한다.

데리다의 무조건적인 환대와 조건적인 환대는 전혀 다른 별개의 것이 아니라 상호 밀접한 연관성이 있다. 즉 무조건적인 환대의 개념이 없이는 조건적인 환대가 있을 수 없으며, 조건적 환대가 없이는 무조건적 환대를 실천할 수 없다. 그러므로 데리다에게 조건적인 환대를 취하는 것은 구체적인 상황 속에서 무조건적인 환대를 할 수 있도록 영향을 주고 있다. 그러나 타자(他者), 즉 전혀 모르는 인류를 위해 자신의 몸을 던져 우리를 구원해주신 예수 그리스도의 거룩한 신적인 환대에 대한 생각을 열어주지 못한 것이 그의 한계라고 말할 수 있다.

환대의 밥상문화

환대의 밥상문화는 시공을 초월하여 사람이 사는 곳이라면 어디서든 발견할 수 있는 가장 귀하고 값진 문화 중 하나이다. 아브라함과 사라의 환대의 신앙을 보다 확실히 조명해보기 위해서는 세계 도처에 있는 환대의 문화를 살펴볼 필요가 있다. 그렇게 되면 세계 각처에 있는 환대의 문화 특히 환대의 밥상문화 속에 담겨 있는 환대의 마음이야말로 하나님께서 우리에게 주신 가장 값진 선물 중 하나라는 사실을 알게 될 것이다.

아프리카 케냐에서는 부족마다 손님을 환대하는 고유의 방식을 갖고 있다. 특히 키쿠유 부족은 손님이 오면 당연하게 음식을 대접하고, 손님 역시 아무런 예고 없이 찾아온다. 그들은 손님에게 음식을 대접하지 않는 주인과 음식을 사양하는 손님은 모두 무례하다고 생각한다. "배고픔은 시빗거리가 되지 않는다."라는 키쿠유족의 속담처럼 밭에 있는 토마토, 바나나, 사탕수수 등은 지나가다 언제라도 먹을 수 있으며 설령 주인이 온다 하더라도 그냥 먹는다. 단 그 자리에서 먹을 것만 땄다면 문제가 되지 않지만 과일을 따서 가지고 갔을 때는 도둑질로 간주한다고 한다.

이와 비슷한 환대의 밥상문화는 아프리카 니제르의 우다베 부족에게서도 찾아볼 수 있다. 그들에게 내려오는 '음보당가쿠'라는 환대의 밥상문화는 자신을 찾아오는 사람은 누구든지 따뜻하고 융숭하게 대접하는 전통이다.

> 우다베 부족의 음보당가쿠는 사람들이 서로 친해지는 방식을 일컫는 말인데 서로 사랑을 나누는 방법이기도 하다. 우다베 부족은 이 음보탕가쿠를 자신들이 가진 유일하면서도 진정한 자산이라고 말한다. … 유목민이 정착촌에 가면(돈이 없으면 아무것도 얻을 수 없는) 항상 배가 고프고 목이 마르다. 하지만 우다베 부족의 야영지에 가면 설

사 오지에 있더라도 우리는 편안하다.

그것은 야영지를 찾아오는 누구에게나 융숭하게 대접하는 음보탕가쿠 전통 때문이다. 우다베 부족은 손님이 오면 서쪽으로 안내해 그곳에 자리를 깔아준다. 그런 후 마실 물과 음식을 대접하고 춥지 않도록 불을 피워준다. 심지어 별로 좋아하는 손님이 아니더라도 그가 자신의 의지로 찾아왔을 때는, 신(神)이라도 되는 것처럼 극진히 환대한다.

"손님은 신이다."라는 속담이 있을 정도로 우다베 부족이 가까운 사람이든 낯선 사람이든 모든 손님을 신으로 생각하며 환대하는 것은 그 속에 높은 윤리성을 바탕으로 하고 있는 것이다.

이제 남미의 페루 안데스 산 속에서 살아가고 있는 케추아 부족의 공동체적인 삶 속에 담겨 있는 환대의 문화를 살펴보자. 그들의 공동체 지향적인 삶 속에는 '카우사이 후뉴이'라는 좋은 환대 전통이 있다.

케추아 부족은 전통적으로 공동 생산하고 공동 분배하는 방식으로 살아왔다. 여러 해에 걸쳐 수확을 조금밖에 하지 못하는 가정이 있으면 그들은 오래전부터 내려오는 '카우사이 후뉴이'라는 잔치를 벌인다. 이 잔치는 '우리 음식을 서로 모아서 가난한 살림을 피게 하자.'라는 취지로 열린다.

보통 잔치는 가난한 집에서 열린다. 그 집의 가족 중에서 한 명이, 주로 여자가 주인으로 선정되어 음식을 대접한다. 주인은 맛이 진한 옥수수 음료인 치차와 식품을 담을 수 있는 바구니를 준비한다. 그리고 집 안마당에 넓은 판초나 보자기를 펼쳐놓는다.

이웃 사람이 식료품을 주려고 오면 주인은 치차부터 권한다. 치차를 마신 후 그 이웃 사람이 식료품을 바구니에 담으면 주인은 치차 한잔을 더 권한다. 이렇게 한번 이웃이 왔다 가면, 좋은 치차를 대접하는 집이 있으니 음식을 나누라는 소문이 마을 전체에 빠르게 퍼진다.

안마당에 준비한 바구니와 판초가 가득 차면, 주인은 식료품을 거두어 보관하기 위해 (가난한 그들의) 가족들을 부른다. 판초 주위에 모인 가족들은 가장 먼저 신의 관대함에 감사드린다.

카우사이 후뉴이 전통은 "오늘 이것은 당신 것입니다. 내일은 내 것이 될지도 모릅니다."라는 그들의 속담처럼 따뜻한 환대의 밥상 나눔을 통해서 공동체의 연대를 돈독히 다지고 있는 것이다.

이러한 나눔의 환대는 이슬람의 종교에서도 잘 나타난다. 이슬람에서는 "음식을 먹는 것은 기도나 금식과 같은 신을 숭배하는 행위"라고 말한다. 특히 이슬람교에는 매년 한 달 동안 금식을 해야 하는 엄격한 규정이 있다. 이는 자신들이 매일 대하는 음식 곧 밥상을 통해 신을 생각하면서 신께 더욱 가까이 나아가고자 하는 신앙을 실천하는 것이라고 한다. 이슬람교도들은 그들의 달력으로 9월인 라마단 기간 동안, 해가 뜰 무렵부터 해가 질 무렵까지 어떤 음식도 먹지 않는다. 그들은 하루 동안에 두 번만, 해가 뜨기 전과 해가 진 후에만 먹을 수 있는 금식 기간에 더 많은 기도와 예배를 드리고자 하는 규정을 가지고 있다. 기도 주간이 끝난 후 각기 일상생활로 돌아가면 식사하는 양의 3분의 2 이상을 먹지 말고 다른 사람과 나누라고 가르친다. 신으로부터 받은 양식은 함께 먹어야 하고 낭비하거나 함부로 다루어서는 안 된다는 것이다. 그렇기에 그들은 맛있는 음식을 장만하면 반드시 이웃집과 나누어 먹는다고 한다. "1인분의 음식은 두 사람이 충분히 먹을 수 있고,

2인분의 음식은 네 사람이 충분히 먹을 수 있고, 4인분의 음식은 여덟 사람이 충분히 먹을 수 있다."는 그들의 격언처럼 이슬람교도들은 철저하게 따뜻한 환대의 마음으로 나눔의 밥상을 실천하는 전통과 문화를 가지고 있다.

우리 문화에도 중대한 의미를 지니고 있는 것들이 많지만 그중 조선사회에서 성행한 동제(洞祭)라는 것이 있다. 동제는 1960년대까지 우리네 마을에서 흔히 볼 수 있던 것으로 온 마을 공동체의 건강과 평화, 나아가서 복을 비는 굿의 형태를 띠고 있었다. 이러한 동제는 마을 공동체를 위한 제사가 끝난 후에 함께 춤을 추고 즐기면서 오락적인 축제로 이어지는데, 이때는 남녀노소 차별 없이 함께 하나가 되어 축제를 즐기면서 자신의 삶을 즐긴다. 민속학회에서 나온 『한국민속학의 이해』에서는 이러한 축제를 통해 신명이 고조되면 지역적인 공동체가 더욱 강화되고, 마을을 침입하려는 외부 세력으로부터 생명을 걸고 마을을 보호하며, 마을을 발전시키고 마을의 생명력을 키워나갔음을 이야기한다. 그러나 보다 중요한 것은 동제가 끝난 후에 제상에 차려진 가장 좋은 음식을 그 자리에 참여한 사람 가운데서 가장 낯선 사람들과 가장 가난한 사람들에게 따뜻한 환대의 마음으로 제일 먼저 대접하였다는 것이다.

우리가 사는 세상은 각각 역사가 다르고 관습도 다르며 또한 문화도 다르다. 그러나 우리나라를 비롯하여 아시아의 나라들과 아프리카 그리고 중남미 나라와 이슬람교를 비롯하여 타종교에까지도 사랑, 봉사, 희생, 나눔, 생명, 평화를 아우르는 공통된 환대의 문화가 있다는 것은 매우 의미가 있는 일이다. 이제 이러한 관점에서 사라와 아브라함의 환대의 밥상의 의미를 함께 찾아보고자 한다. 아브라함의 환대의 밥상, 환대의 신앙의 모습은 오늘의 인간, 교회 그리고 세상과 하나님이 창조해주신 자연과 온 세상, 나아가서 지구적 생명 공동체를 더욱 잘 섬길 수 있는 새로운 길을 제시해줄 것이다.

환대의 사람, 아브라함과 사라

창세기 12:1-9는 믿음의 조상이란 별명을 지닌 히브리 사람 아브라함에게 초점을 맞추고 있다. 하나님께서는 아브라함의 가족들을 부르셔서 당시의 번영의 도시 갈대아 우르를 떠나 하란에 정착하여 살게 하셨고, 뿌리를 내려 안정된 삶을 살아가고 있는 하란을 또다시 떠나게 하여 낯설고 생소한 땅, 돌이 많고 거친 땅인 가나안으로 가게 하셨다.

주변부의 사람이 된 아브라함은 가족과 함께 하나님의 말씀에 따라 하란을 떠난다. 그는 가는 곳마다 낯선 나그네의 삶을 살아가지만 그때마다 하나님의 신비한 환대의 손길을 체험하였다. 이처럼 하나님은 갈대아 우르와 하란이라는 중심부의 아브라함을 낯설고 생소한 변두리로 가게 하시어 그곳에서 믿음의 뿌리를 내리게 하시고, 낯설고 외로우며 불편하고 초라한 그곳에서 하나님의 구원의 역사의 중심이 되게 하였음을 알 수 있다. 그러므로 나그네 아브라함이 경험한 하나님의 따뜻한 환대의 손길이나 이웃들로부터 받은 잊지 못할 환대는 그가 만난 낯설고 생소한 나그네들을 정성을 다하여 환대하는 아브라함이 되게 한 것이다.

창세기 18장에는 지극 정성으로 낯선 이웃을 대접하는 '환대의 밥상'이 나타난다. 아브라함이 무더운 어느 날, 천막 문어귀에 앉아 쉬고 있는데 낯모르는 세 사람이 땀을 흘리며 지나가고 있었다. 아브라함은 자신의 나이와 체면을 잊은 채, 자리에서 벌떡 일어나 그들에게 달려간다. 그는 매우 공손하고 정중한 태도로 낯선 손님들 앞에서 땅에 엎드려 한 가지 '청'을 했다. 자신이 살고 있는 곳을 지나가시니 부디 자신의 집에 와서 손과 발을 씻고 잠시 더위를 식힌 다음 식사를 한 후 편히 쉬었다가 가시라는 부탁이었다. 우리는 여기서 갑자기 나타난 낯선 나그네들을 귀한 손님으로 모시어 따뜻한 마음으로 밥상을 대접하는 아브라함의 환대의 모습을 주의 깊게 볼 수 있어야 한다.

아브라함의 환대의 모습은 첫째, 멀리서 지나가는 낯선 사람들을 반가운 마음과 대접하고 싶은 마음으로 보는 행동(seeing), 만나기 위해서 달려가는 행동(running to meet), 존경을 표하는 행동(honoring), 초대하는 행동(inviting), 새 힘을 얻도록 자신의 공간에서 쉬게 하는 행동(refreshing), 음식을 준비하는 행동(preparing), 대접하며 섬기는 행동(serving)으로 나타난다.

아브라함은 아무런 생각 없이 무조건적으로 나그네들을 환대한 것이 아니라 낯선 이들을 하나님의 선물로 여기고 그들을 지극 정성으로 섬기고 대접했다. 성서는 그들 중 한 사람을 하나님의 현현(顯現)으로 묘사한다. 아브라함은 하나님을 섬기듯 환대의 밥상으로 낯설고 생소한 사람들을 섬기고 봉사한 것이나, 이는 결국 하나님을 섬기며 봉사한 결과가 되었다.

아브라함은 낯선 나그네들을 손님으로 맞이하여 자신의 천막 앞 시원한 나무 그늘 아래로 인도한다. 그리고 하인들을 시켜 100인분의 빵을 빚을 수 있는 "고운 밀가루 세 스아"를 내다가 "크고 넓적하고 둥근 빵"을 굽게 하였다.(창 18:6) 이어서 연한 고기를 대접하기 위하여 제일 좋은 송아지 한 마리를 잡았다. 갓 구운 군침 도는 빵과 연한 송아지 요리와 함께 버터와 우유로 그들에게 환대의 밥상을 준비한 것이다. 여기서 언급된 버터와 우유는 당시의 음식문화에 의하면 두 가지의 양젖으로 추측된다. 하나는 오늘날 아랍인들이 레반이라고 부르는 걸죽한 양젖, 또 하나는 양젖이었을 것이다. 아브라함은 주인으로서 손님들이 먹는 동안 그들이 소홀한 대접을 받는 일이 없도록 지켜보고 있었다. 아브라함의 환대의 밥상은 정확하게 말하면 사라가 차려놓은 환대의 밥상으로서 고대 근동의 풍속을 따라서 사라는 남자 손님들 앞에 나타날 수 없었기에 사라의 이름이 나타나지 않는 것뿐이다.

우리는 낯선 사람들을 초청하여 음식을 대접하는 사라와 아브라함의 모습을 통해서 몸과 마음과 정성을 다해 섬기는 환대의 모습을 발견할 수 있다.

사라와 아브라함의 환대의 밥상의 절정은 손님들을 위해 사용한 연한 송아지 고기와 함께 고운 밀가루 세 스아, 즉 밀가루 서 말로 만든 빵이었다. 밀가루 세 스아는 창세기 18장 외에도 사사기 6:19와 사무엘상 1:24에도 나타나며 마태복음 13:33과 누가복음 13:20-21에도 나타난다. 구약성서 사사기에는 기드온이, 사무엘상에는 한나가 각각 야웨 하나님의 천사와 성전에 바치기 위해서 밀가루 한 에바 곧 서 말 분량의 밀가루로 빵을 만들었다. 마태복음이나 누가복음에 나오는 밀가루 서 말은 예수께서 하나님의 나라를 설명하기 위해 사용된 비유의 말씀에 등장한다. 즉 하나님의 나라는 어느 여인이 밀가루 서 말 속에 넣은 누룩과 같은 것이라는 비유이다. 미미한 양의 누룩이 엄청난 양의 밀가루 반죽 덩어리를 부풀어 오르게 하는 신비한 변화를 가져오듯이 하나님의 나라 운동도 그와 같다. 예수 그리스도의 하나님의 나라 비유는 처음에는 작고 미미하게 시작되지만 완성의 때가 오면 반드시 반생명적이고도 반평화적인 이 세상의 덩어리들을 변화시킬 것이라는 확신에 찬 설교인 것이다.

이처럼 구약과 신약성서에 나타나는 밀가루 서 말이라는 분량은 신의 현현, 즉 하나님께서 나타나실 때나 또는 하나님이 개입하시는 사건과 연관되어 있음을 알 수 있다. 그러므로 사라와 아브라함이 밀가루 서 말로 빵을 만들고 있는 것은 낯선 사람 중 한 사람을 하나님이 보내신 천사로 또는 하나님으로 깨닫고 있음이 분명하다. 그렇기에 아브라함은 낯선 사람을 하나님이 보내신 사람으로 믿고 하나님께 대접하는 마음으로 낯선 그들을 환대한 것이다. 바로 이것이 무조건적인 환대이며 나아가 신적인 환대이다. 이러한 그의 믿음이 따뜻한 사랑과 정성과 손맛이 담긴, 신적인 환대의 밥상으로 대접하고 있는 것이다. 하나님께서는 나이가 들어 자궁에 생명의 샘이 말라버린 사라와 아브라함을 축복하셔서 생명을 이어가게 하셨다. 그러므로 아브라함과 사라의 환대의 밥상은 사람을 통해 나타나신 하나님마저도 감동을 자아내게 한 밥상이었음에 틀림없다.

오늘도 우리를 향해 스쳐가는 낯선 나그네들

한반도 안에 존재하는 600만 명 이상의 비정규직, 100만 명 이상의 청년실업자, 조손가정 및 홀부모 가정, 폭력에 시달리는 청소년, 가난한 홈리스 및 독거노인, 가난한 농촌지역, 북한 이탈주민 및 북녘의 절대빈곤의 형제자매들, 다문화가정, 외국인노동자 등도 우리가 품어야 할 낯선 나그네들이다. 뿐만 아니라 우리가 살아가는 세상은 우리로 하여금 환대의 삶을 살도록 긴급하고도 강력하게 요청하고 있다. 첫째, 오늘의 세상은 경쟁적으로 더 많은 물질과 에너지원을 보유하고자 하는 탐욕을 인하여 자국(自國)의 안전에 저해가 되는 나라들을 제거하여 뿌리를 뽑아버리고자 하는 집단이기주의가 팽배해 있으며 이는 결국 전쟁으로 이어지기도 한다. 전쟁은 하나님의 형상을 지닌 인간을 부수어버리고마는 생명 죽임의 것이기에 그 어떤 전쟁도 반하나님적인 것이요 반신앙적인 것이다.

둘째, 전쟁으로 수천만 명의 난민이 발생하며 난민 중에 여성과 어린이들이 이중 삼중으로 피해를 받을 수밖에 없다. 또한 이들은 인신매매, 성폭행 및 온갖 억압과 폭력의 대상이기도 하기에' 난민을 방치하는 세계의 구조 또한 반생명적인 것이다.

셋째, 근대자본주의 산업발전 과정에서 무한한 경제적 성장을 추구하였고 과학과 기술을 무한대로 발전시켜 인간과 사회에 지대한 영향력을 끼친 것은 사실이지만 그에 반비례해서 엄청난 생명 파괴의 결과를 초래하고 말았다. 산업선진국들을 중심으로 산업화 과정에서 생명의 환경을 파괴하여 현재 인류는 생명의 파멸이라는 엄청난 현실과 위기에 직면하고 있으며 일부 국가들은 가공할 만한 핵전쟁 무기를 소유함으로써 인간의 생명뿐 아니라 자연생태계와 우주의 생명을 파괴할 수 있게 되었다. 이 또한 하나님의 뜻에 반하는 생명 죽임의 징조요 현실이다.

넷째, 경제세계화는 더욱 심각한 부익부 빈익빈의 세계, 즉 양극화의 세계를 만든다. 세계의 가난한 자 중 70-80%가 아시아에 살고 있으며 이들 중 상당수가 하루에 1달러도 안 되는 돈으로 4명 혹은 7명의 식구들이 살아간다. 이러한 살인적인 빈곤이야말로 반생명적이며 반평화적인 것이다.

마지막으로 인간만을 위하여 파괴하고 부수어버린 자연생태계와 그로 인해 발생한 자연적 재앙은 인간을 포함한 모든 생명 공동체를 절대적 위기에 다다르게 하였다. 오늘 우리를 향하여 손짓하고 있는 이웃들은 전쟁으로, 난민으로, 질병으로, 생명을 위협하는 살인적인 가난으로 그리고 자연생태계 파괴와 그로 인해 갖가지 재앙과 질병으로 신음하며 절규하고 있는 이들이다. 우리가 뒤따르고자 하는 예수 그리스도는 그곳에서 우리를 부르고 계신다.

권정생의 『우리들의 하느님』에 나온 한 이야기는 우리에게 많은 것을 시사해준다. 그는 오래전 경상북도 의성지방에 있는 농촌교회의 어느 여 집사가 체험한 신비한 이야기를 들려주었다.

> 어느 날 아주머니는 몹시 바쁘게 집안일을 하고 있었는데 어떤 거지가 구걸을 하러 왔다. 정신없이 일에 몰두하고 있던 아주머니는 자기도 모르게 귀찮아서 퉁명스럽게 지금은 바쁘니 다른 데나 가보라고 거지를 박대하며 내쫓았다. 그런데 그 거지가 돌아서서 나가는 뒷모습을 힐끗 보니 놀랍게도 틀림없는 예수님이었다. 깜짝 놀란 아주머니는 하던 일을 그만두고 허겁지겁 쌀 한 대접 떠서 달려가 보았지만 거지는 그새 어디론지 사라지고 보이지 않았다. 혹시나 해서 옆집으로 또 옆집으로 샅샅이 살펴보았지만 역시 허사였다. 집으로 돌아온 아주머니는 주저앉아 통곡을 했다.
>
> 그때부터 아주머니의 눈에는 모든 낯선 사람이 예수님으로 보이게

되었다. 그렇게 아주머니는 십 년을 하루같이 만나는 사람을 모두 예수님으로 알고 대접을 했다.

아주머니는 "세상 사람이 다 예수님으로 보이니까 참 좋아예. 내가 할 수 있는 건 다 해드리고 싶어예."라고 전했다.

낯선 사람들을 하나님의 선물로 알고 정성을 다하여 음식을 마련한 사라와 아브라함의 환대의 밥상을 의성의 농촌 마을 집사님도 깨달은 것이다. 그 집사는 낯선 사람을 예수님으로 알고 정성껏 환대할수록 더욱 깊어지는 하나님의 오묘한 은혜와 사랑을 맛본 것이다.

03

하나님의 신비한 손길로 내려주신 만나의 밥상

하나님께서 차려주신 만나의 밥상은
모두가 평등한 밥상이요 모두가 넉넉한 밥상이다.
하나님께서 내려주신 만나의 밥상이란
모두에게 알맞은 밥상이며
약자 곧 지극히 작은 자들을 보호하는 밥상이다.

출애굽기 16:1-3을 보면 출애굽 한 히브리 노예들이 먹을거리가 넉넉지 않게 되자 노예의 땅, 다신(多神)의 땅, 고역의 땅이던 이집트에 있을 때를 생각하기 시작한다. "…우리가 애굽 땅에서 고기 가마 곁에 앉았던 때와 떡을 배불리 먹던 때에 여호와의 손에 죽었더라면 좋았을 것을 너희가 이 광야로 우리를 인도해내어 이 온 회중이 주려 죽게 하는도다." 출애굽 한 히브리 백성들이 다시 생각한 이집트 땅의 참 모습은 과연 어떤 것일까? 우리가 오늘의 세계를 사회·경제적으로 그리고 사회·정치적으로 이끌어나가고 있는 거대한 제국과 그 속에서 마치 암세포처럼 자라고 있는 구조적인 불의의 죄성을 바라보면, 고대 이집트 제국을 보다 쉽게 이해할 수 있을 것이다.

전쟁과 죽음으로 얼룩진 이집트 제국

이집트의 상부로부터 내려온 한 가족이 이집트 전체를 정복하는 데 성공하여 최초의 왕조를 건설했는데 이 왕조의 창설자는 메네스(Menes)로 알려지고 있다. 이집트라는 국가가 형성될 무렵, 최초의 기록 문서들, 최초의 기념 조각과 건축물, 잘 조종된 야금술, 구리광맥 개발 그리고 책상, 침대, 의자 등의 생활용품들이 나타나 있기에 이 시대를 가리켜 이집트 역사의 문명의 시작이라 말할 수 있을 것이다. 이집트의 역사는 모두 31왕조로 구분되는데 첫 왕조는 기원전 3000년쯤이었고 마지막은 기원전 525-332년이었다. 이렇게 긴 고대 이집트의 역사에서 사회·경제·종교·정치적으로 번성한 시기는 다음의 4왕조 시기이다. 첫째, 제3왕조로부터 제6왕조(2700-2200 BC)에 이르는 옛 왕국 시대, 둘째, 피라미드와 스핑크스를 건축했던 시기로 주로 제12왕조(2000-1800 BC)의 중간 왕국 시대, 셋째, 제18왕조로부터 제20왕조(1570-1090 BC)에 이르는 새 왕국의 제국 시대, 마지막 제25왕조의 에티오피아 시대(715-633 BC)와 제26왕조로 구성되어 있는 세이스(Saitic) 왕조의 부흥 시대(663-525 BC)이다.

그중에서도 우리는 이집트의 제19왕조에 관심을 기울일 필요가 있다. 제19왕조 람세스(Ramses) 1세(1301-1302 BC)와 그의 아들 세티(Seti) 1세(1302-1290 BC)는 모두 군인 출신으로 옛날의 영광을 회복하고자 하는 각오가 대단하였으므로 그들은 전쟁을 통해서라도 영토를 확장해나가고자 했다. "새 왕조의 첫 번째 관심은 제국을 건설하는 것이었다. 세티 1세는 그가 통치하기 시작한 첫 해에 수에즈(Suez) 경계로부터 갈릴리의 산악지방까지 출전하여 팔레스타인 군주들이 통일하려고 하는 도시를 진압하였으며, 요단 강가에 있는 벧스안(Beth-shan) 성읍을 장악하였다." 계속해서 세티 1세는 "벧스안 근처에 있는 야르뭇(Jamut) 산의 아피루 혹은 하비루들을 쳐부수었다. 그는 훌륭한 통신연락의 필요성을 인식하여 시나이 반도 북쪽을 가로지르는 대상(隊商)들의 주둔 지역을 유지하여 다스리는 데 관심을 기울였다." 전쟁을 통하여 가나안 땅을 다시 지배하게 된 세티 1세는 시리아에 있는 히타이트족들을 상대로 유리한 전쟁을 치르면서 최대한 영토를 넓혀나갔다. 또한 전쟁을 통하여 팔레스타인 지방은 물론 수많은 노예들을 확보하여 사회경제적 발전을 도모하였고, 풍부한 곡식과 충분한 군사력도 확보하였다.

당시 그들이 살던 집의 내부는 방, 문, 창문, 곡식창고 등으로 나뉘었는데, 짐승 가죽 대신에 아마포, 도기로 만든 그릇, 좀 더 나은 연장도구, 금속제품, 보석, 화장품 등과 같은 생활용품이 서서히 소개되기 시작하였다. 이집트에서 사용되지 않던 물품들이 출토된 것으로 미루어보아 외국과의 무역이 어느 정도 활발했다는 사실을 알 수 있으며 음식물도 서서히 풍부해졌음을 알 수 있다. 부적과 같은 입상들 그리고 무덤 속에 미래의 생활을 위해 함께 넣어둔 물건들을 통해 신들에 대한 숭배와 죽음 후 생명에 대한 신앙도 엿볼 수 있다. 특히 이집트의 원통형의 석인(石印), 벽돌 건축물 그리고 예술의 형태를 보아 이집트는 메소포타미아로부터 영향을 받았음을 짐작할 수 있다.

이집트의 인구가 계속 늘어나자 나일강변의 초원에서 키우는 동물로는 충분하지 않았으며 얼마 되지 않는 식물들을 괭이로 가꾸는 일이나 나일강의 자연수에만 의존하는 것 역시 충분하지 않았다. 그리하여 새로운 경작지를 위해 초원을 개간해야 했으며 도랑을 파서 물을 끌어들여야 했다. 그러나 그것만으로는 부족하다고 판단하여 기름지고 비옥한 땅을 차지하기 위한 전쟁을 일삼았으며 흉년이나 기근이 찾아왔을 때 그것을 극복하기 위한 수단으로 곡물전쟁을 일으키기도 했다.

고대의 역사에서 노예는 대부분 정복 전쟁을 통해 사로잡힌 이민족 포로들의 차지하였다. 물론 각종 범죄를 저지른 자국민이 노예로 전락하는 경우도 있었지만, 그 비율은 상대적으로 빈약했다. 노예를 구성하는 대다수는 점령당한 지역 주민이거나 전쟁을 통해 사로잡힌 포로였다. 그런데 이집트가 대규모의 전쟁을 통해 더 넓은 영토를 획득하면서 강력한 제국으로 성장한 것은, 피라미드가 집중적으로 건축된 시대보다도 1000년 정도 뒤인 제19왕조, 람세스, 그의 아들 세티 1세, 세티의 아들 람세스 2세 등의 왕들이 통치하던 시기였다.

이집트 제국의 밥상

이러한 이집트 제국의 역사를 통해서 볼 때, 첫째로 히브리인들이 고기와 빵을 마음껏 먹을 수 있었던 이집트의 밥상은 피비린내 나는 전쟁 위에 차려진, 전쟁의 밥상이었다. 앞에서 지적하였듯이 이집트 제국의 제19왕조인 람세스 1세와 그의 아들 세티 1세는 모두 군인 출신으로서 국토를 최대한 넓히고자 한 제국의 왕들이었다. 그들은 무수한 전쟁을 통해 영토를 넓혀나감과 동시에 수많은 곡물들을 확보하여 이집트의 밥상을 최대한 확보하였으며 수많은 노예들을 통해 사회경제적 발전을 도모하였다. 또한 가장 빠른 통신수단과 함께 길을 확보해나갔으며 동시에 경제적 이익을 취하기 위하여 무역의 길도 널리 확장해나갔다.

요시무라 사구치는 『파라오의 식탁: 투탕카멘 왕은 무얼 먹었을까?』라는 책에서 치열한 전쟁과 위협 속에서도 고대 이집트의 밥상이 얼마나 다채롭고 풍부했는지를 엿보게 해준다.

> 드디어 식사가 시작되었다. 식탁 위에는 먹기에 딱 맞게 구워낸 소의 넓적다리살과 닭구이, 오리나 비둘기 요리, 야채와 과일 그리고 다양한 빵과 과자가 차려져 있다. 그 옆에는 포도의 수확연도가 기록된 포도주 단지가 놓여 있다. 손님들은 그런 많은 요리를 보고 이 저택 주인의 후한 인심을 느끼는 것이다. 남녀 하인들은 손님 앞에 놓인 접시에 요리를 담고 그 접시가 비워지면 바로 다음 요리로 접시를 채웠다. 또한 몸의 곡선이 완전히 드러날 정도로 착 달라붙는 얇은 옷을 입은 젊은 하녀는 손님의 잔을 절대 빈잔으로 두지 않는 게 역할이었다. 부엌에서는 잇따라 요리가 들어와서, 식탁 위의 큰 접시는 바닥을 보이는 일이 없다. 손님은 서비스 받은 요리를 손으로 집어먹는다. 나이프는 큰 고기를 자를 때밖에 사용하지 않는다. 젊은 여성도 마치 남자처럼 통째로 구워낸 닭을 집어 들어 뜯어먹는다.

이집트 제국의 화려한 밥상은 땅을 확장하고 곡물을 더 많이 확보하기 위한 전쟁으로 이루어진 밥상이었고 전쟁 포로나 노예의 수를 더 늘리기 위해 침략전쟁으로 이루어진 밥상이었다. 비록 이집트 제국의 식탁에 올라온 밥상이 아무리 화려하고 영양가가 있다 하더라도 그것은 전쟁과 억압과 착취로 얼룩진 제국의 밥상이었다.

둘째, 이집트 제국의 밥상은 가난하고 소외된 전쟁 포로 또는 노예들의 혹독한 노동과 고역이 뒤따른 죽임의 밥상이었다. 세티 1세는 국내적으로 관리들의 악습을 타파해나가면서 데베스와 아비도스 지역에서 주요한 건축사업을 펼쳤다. 그의 아들인 람세스 2세는 예술성이 있는 최고의 건축기술로 성읍과 곡식창고들을 지었다고 한다. '비돔'과 '라암셋'은 동부 나일강 삼각주에 위치해 있는데, 이는 출애굽기 1:11에 나오는 것으로서 '라암셋'은 당시 파라오가 짓던 라암셋 도성을, '비돔'은 곡식창고를 가리킨다. 그렇다면 람세스 2세는 히브리 백성들이 출애굽을 하던 시기의 파라오 왕이거나 최소한 히브리 사람들이 고역을 하던 시기의 왕이었을 것이다.

당시 라암셋이라는 신도시 사업이나 비돔이라는 곡물창고 사업에 투입된 사람들 중에 고된 노동으로 죽어나간 사람들이 한둘이 아니었다. 그렇기에 누구나 강제노역에 동원되기를 꺼려했다. 람세스 2세는 자신의 통치체제를 원활히 하기 위해서 전쟁 포로나 가나안 노예들을 정기적으로 나일강변의 이집트의 항구로 실어왔다. 가나안 땅에서 생산되는 곡식은 이집트의 신전들과 제국의 관리들, 해외 주둔군의 유지를 위해 끊임없이 수탈당할 수밖에 없었다. 게다가 이집트는 정기적으로 가나안 소농들에게 강제노동을 시키면서 거대한 이익을 챙겨갔다.

이집트 제국과 가나안 도시국가들은 군주가 모든 땅을 소유하고 있어 사회 계층화 현상이 심각했고 강력한 군사주의가 팽배한 사회였다. 토지에서 창출된 부는 인구 대다수를 차지하는 소농과 농노, 노예들에게 돌아간 것이 아니라 대지주와 귀족들, 거대한 신전들, 황제에게 돌아갔다. 이런 면에서 가나안 소농들은 지방 군주들과 가나안에 파견된 이집트 관리들에게 이중으로 수탈당했다. 결국 이집트 사회는 피라미드 구조의 사회계층을 형성하면서 이집트 경제의 꼭대기에는 엄청난 부가 쌓이는 현상이 나타났다.

이런 와중에서도 왕들의 밥상은 노예들의 노동이나 그들의 죽음을 아파하는 아픔이 전혀 없었다. 요시무라 사구치는 이집트의 제20왕조의 람세스 3세의 식사를 재미있게 설명한다. "짐은 매일 케이크(과자)를 마치 빵처럼 자주 먹는다. 또한 식사 때마다 포도주를 빼놓지 않는다. 짐의 낙은 짐의 사냥개를 데리고 사막으로 가서 야생 동물을 잡는 일이다. 그리고 짐은 사냥에서 잡아온 동물과 새를 구워서 먹고 있다." 이렇게 화려한 식탁 뒤에는 이집트 제국의 번영을 위해서 강제노동으로 동원되어 죽음으로 점철된 온갖 노예들의 노동이 있었는데, 그 가운데 히브리 노예들이 상당수를 이루었다. 출애굽기 1장엔 히브리 남자아이가 태어나거든 나일강에 던져 죽이라는 내용(출 1:21)이 나오고, 출애굽기 3장과 6장에는 하나님께서 이집트의 왕 파라오가 내린 혹독한 고역으로 울부짖는 히브리 노예들의 신음소리를 들으셨다(출 3:7, 6:5)는 이야기가 나온다. 히브리 노예들을 포함한 모든 노예는 혹독한 노동과 살이 찢기는 채찍과 배고픔으로 아사 직전에 있었으며 짐승보다도 못한 대우를 받으면서 간신히 생명을 부지하며 살아갔다. 그러므로 파라오의 밥상, 즉 이집트 제국의 밥상은 노예들의 목숨을 대가로 한 고통의 밥상이요 억압과 수탈의 밥상이기에 불의한 밥상이라고 말할 수 있는 것이다.

셋째, 이집트 제국의 밥상은 자연을 파괴하고 오염시킨 반생명적인 밥상이었다. 고고학자들은 나일강이야말로 세계 문명의 발상지요 가장 아름답고 비옥한 강이라고 한다. 그들은 아름다운 강과 물과 자연이라는 생명 공동체와 함께 터전을 잡고 집을 지으며 평화롭게 살고

자 하였다. 이집트 제국의 젖줄인 나일강은 6-10월엔 자주 범람하였으나 이는 오히려 기름진 땅으로 만들어주었기에 늪과 습지가 조성되어 수많은 종류의 곡물과 식물이 자랐다. 주변의 농경지엔 무화과나무, 포도나무, 대추야자나무 등이 있었으며 밀과 보리를 재배하였다.

당시 가난한 사람들은 보리빵 5개가 한 끼 식사였다. 음식 전문가들에 따르면 기원후 13세기까지 하루에 두 끼의 식사를 하였다고 하니 당시 가난한 사람들은 하루에 빵 10개가 그들의 식탁 위에 차려진 밥상의 전부였던 것이다. 그러나 그들은 가끔씩 나일강에 나가 잡은 물고기를 요리하여 먹기도 했고 가금류인 닭, 오리 또는 나일강변에서 잡은 야생 영양, 아프리카산 가젤이라는 양, 염소, 황소를 기르기 시작하면서 소나 양의 우유, 치즈와 버터를 만들어 먹는 경우도 있었다고 한다. 그러나 당시 부요한 사람들은 밀을 빻아 만든 밀가루로 부드러운 빵을 만들었으며 특권층에 있는 사람들은 무려 40여 가지의 빵과 과자를 즐겼다고 한다. 그러나 가난한 사람들은 보리로 만든 거친 빵을 만들어 빵에 양파를 올려 먹었다. 출애굽 당시 부요한 사람들의 밥상에는 끼니 때마다 값진 소고기를 포함하여 빵과 꿀 그리고 맥주와 같은 술이 잘 차려진, 화려한 먹을거리가 식탁에 올라왔다. 부요한 사람들의 집에서 잔치가 한창일 때 주인은 진짜와 똑같은 미라를 관에 넣어 손님들에게 구경을 시키면서, "이 미라를 보십시오. 당신도 언젠가는 이런 모습이 될 것입니다. 그러니 지금 많이 먹고 마시며 즐기십시오."라고 하면서 호화스럽게 실컷 먹었다고 한다.

이집트 제국은 전쟁을 통하여 국토를 확장하고 노예의 수를 늘려서 성읍을 짓고 도성을 지었다. 그들의 이러한 욕심과 탐욕은 무수한 침략전쟁과 함께 하나님의 창조의 손길이 배여 있는 자연을 무분별하게 개발한 나머지 온 국토가 병들고 말았다. 나일강에 찾아오던 온갖 철새가 사라져버렸으며, 각양각색의 동물, 고기류, 이름 모를 풀과 나무 등 아름다웠던 나일강이 생명력이 사라진 반생명적인 나일강으로 바뀌고 말았다. 심지어 깨끗하기 그지없던 나일강물이 먹을 수 없는 피로 변하고 말았으며, 개구리, 이, 파리, 악질, 독종, 우박, 메뚜기, 흑암 그리고 장자의 죽음이 그들을 기다리고 있었다.

출애굽 한 히브리 노예들이 "우리가 애굽 땅에서 고기 가마 곁에 앉아 있던 때와 떡을 배불리 먹던 때에 여호와의 손에 죽었더라면 좋았을 것을 너희가 이 광야로 우리를 인도해내어 이 온 회중이 주려 죽게 하는도다"(출 16:3)라고 불평하며 그리워한 이집트의 밥상은 이처럼 전쟁과 죽음과 반생명적인 기운이 스며 있는 '죽을 맛' 나는 밥상이었다. 이집트 제국의 화려한 밥상과 음식, 그들의 웃음과 노래 뒤에는 온갖 눈물과 신음과 고통과 한숨이 깃들어 있었기에 반생명·반평화적인 불의한 밥상이었음이 분명하다. 더욱이 히브리 노예들이 그리워한 이집트의 고기 가마, 그 밥상의 주체는 곧 제국의 주인인 파라오 왕이었지 그들을 죽음의 땅으로부터 해방시켜 끝까지 인도하고 계시는 야웨 하나님이 결코 아니었다. 그들이 그리워한 것은 이집트 제국의 파라오 왕이 주는, 죽을 맛 나는 고기 가마였던 것이다. 그것도 소수의 노예들이 누리던 이집트 제국의 맛 그것이었다.

하나님이 내려주신 만나의 밥상

히브리 사람들의 굶주려 죽겠다고 절규하는 소리를 들으신 하나님께서는 "보라 내가 너희를 위하여 하늘에서 양식을 비 같이 내리리니 백성이 나가서 일용할 것을 날마다 거둘 것이라 이같이 하여 그들이 내 율법을 준행하나 아니하나 내가 시험하리라"(출 16:4)고 말씀하신다. 그리하여 하늘로부터 만나와 메추라기를 내려 고기를 동경하는 그들을 먹이셨는데 우리는 이를 만나의 사건이라고 한다. 그러므로 만나의 사건은 만나의 밥상 이야기이며 또한 만나의 삶의 이야기이기도 하다.

만나와 메추라기로 대변되는 만나의 밥상이란 고대 이집트 왕국의 온갖 생명을 위협한 제국의 밥상을 거부하면서 단순하고 소박하지만 하나님이 내려주신 하늘의 밥상을 뜻한다. 하늘에서 만나와 메추라기가 내려왔다는 것은 우리의 삶을 가능하도록 공급하시는 분이 이집트 제국의 그 무시무시한 파라오가 아니라 사랑의 하나님이라는 것이다. 하나님은 만나의 밥상을 통해 자신의 백성을 친히 먹이시고 있는데 이는 신앙과 삶 그리고 신앙과 경제가 밀접한 관계에 있음을 보여준다. 그러므로 칼뱅은 만나의 사건이야말로 하나님의 경제요 하나님의 경영 방식이라고 강조한 바 있다.

우리는 만나의 밥상을 통해 다음의 네 가지 사실을 알 수 있다. 첫째, 만나의 밥상은 하나님이 친히 주시는 양식을 먹으며 모두 평등하게 살아가야 함을 가르쳐준다. 하나님은 굶주려 있던 히브리 사람들에게 한 사람당 한 오멜씩 식구의 수대로 거두라고 하신다. 여기에 나오는 오멜이란 약 2.3리터의 곡식을 담을 수 있는 되와 같은 것이다. 하나님께서 날마다 만나와 메추라기를 내리겠다고 말씀을 하셨음에도 불구하고 당시 히브리 사람들은 하나님의 약속보다는 당장 눈앞에 다가온 내일을 생각하며 가능한 한 많이 거두어들였다.

우리도 그렇지 않은가? 예나 지금이나 사람의 마음은 똑같은가 보다. 그런데 흥미로운 것은 많이 거두어들였거나 적게 거두어들인 자들의 만나와 메추라기를 되로 담아보니 "많이 거둔 자도 남음이 없고 적게 거둔 자도 부족함이 없이 각 사람은 먹을 만큼만 거두었더라"(출 16:18)고 한다. 모두가 똑같은 밥상이 아니라 식구의 수에 따라 분배된 평등의 밥상이었던 것이다. 사도 바울은 예루살렘의 모 교회와 신도들이 경제적 가난과 궁핍으로 고난을 겪고 있다는 말을 듣고 소아시아 교회를 중심으로 모금을 벌이게 된다. 바울은 고린도후서 8:15에서 "많이 거둔 자도 남지 아니하였고 적게 거둔 자도 모자라지 아니하였느니라"는 만나의 분배원칙을 강조하면서 하나님께서 넉넉하게 주신 물질은 적게 가진 자들의 부족을 채우기 위한 것임을 역설하고 있다. 그러므로 출애굽기에 나타난 만나의 밥상이나 사도 바울의 해석을 통해서 볼 수 있는 만나의 밥상은 모두에게 공정한 분배를 통해 다 함께 평등하게 살아가는 원리를 우리에게 보여준다.

둘째, 만나의 밥상은 모두가 평등한 하나님의 사람들이기에 모두에게 넉넉한 밥상이 되어야 함을 가르치고 있다. '많이 거둔 자도 남지 않고 적게 거둔 자도 모자라지 않았다'는 것은 각 사람들이 가져간 양은 서로 달랐으나 모두가 만족한, 넉넉한 먹을거리였다는 말이다. 이집트 제국의 파라오의 밥상이 부익부 빈익빈의 밥상이었다면 만나의 밥상은 모두가 넉넉한 하늘의 밥상이었기에 그들의 불평이 그치고 만 것이다.

만나의 밥상은 가져간 양은 서로 달랐으나 모두가 만족한 밥상이었다. 오늘날의 세계 경제구조는 소수의 사람들이 만족하는 동안에 다수의 사람들은 모자라고 궁핍한 밥상이다. 예를 들면 세계의 70억 인구 중에서 3분의 2에 해당하는 47억 인구가 아시아에 살고 있으며 그중에 3분의 2인 32억에 해당하는 아시아 사람들은 절대적인 궁핍과 가난에 허덕이며 살고 있다. 예수께서는 요한복음 10:10에서 자신이 이 세상에 온 이유는 "양으로 생명을 얻게 하고 더 풍성히 얻게 하려는 것이라"고 하였다. 그러므로 하나님은 만나의 밥상을 통해 모두가 넉넉하며 모두가 풍성한 밥상을 바랐으며 그러한 만나의 경제를 우리에게 요청하고 있는 것이다.

셋째, 만나의 밥상은 한 사람이 한 오멜씩 식구 수대로 필요한 만큼 거두어들이는 알맞은 밥상으로서 과다한 물질의 축적을 금지하는 것이다. 출애굽기 16:19-20에서 하나님은 하루 먹을 만큼만 거두고 그 다음날까지 남게 하지 말라고 일러주신다. 만나와 메추라기 사건을 통하여 과다한 축적을 금지하고 있는 것이다. 파라오의 법칙은 과다한 물질을 축적하여 부를 이룩하는 것이었으나 하나님은 과다한 부의 축적을 인정하지 않는다. 제한된 자원 속에서 소수의 사람들에게 편중된 부의 축척은 다른 한쪽을 더욱 빈곤하게 하는 결과를 가져오기 때문이다.

이러한 만나의 밥상으로 오늘의 세계를 바라본다면 오늘의 세계 경제는 제국의 경제에 가깝게 서 있지 만나의 밥상과는 거리가 멀다. 세계에는 아프리카 한 국가의 재산보다도 개인 재산이 더 많은 부자들도 있다고 한다. 이것은 세계의 경제구조가 얼마나 모순된 것인지를 보여준다. 만나의 밥상이란 온 공동체가 함께 하나님께서 주신 생명을 더욱 풍성하게 하고 참된 평화를 누릴 수 있는 새로운 세계를 지향하는 공동체적 신앙과 경제를 의미한다.

넷째, 만나의 밥상은 약자를 보호하는 밥상이다. 만나의 밥상을 보면 적게 거둔 사람들에게는 규제가 전혀 없는 반면에 끝도 없이 마구 거두어들인 사람들에게는 남은 만나와 메추라기가 썩어버리는 규제가 있음을 알 수 있다. 남은 만나와 메추라기가 썩는 사건은 가난하고 소외되며 신음하고 절규하는 우리 사회의 약자들과 하루에 1달러도 안 되는 돈으로 살아가는 절대적 빈곤에 허덕이는 세계의 가난한 사람들을 우선적으로 섬기고 나누며 살아가야 한다는 교훈을 주고 있다.

만나의 밥상은 세계의 약자들이 보호받기 위해서는 무엇보다도 먼저 정의로운 경제와 정의롭고 공정한 무역이 이루어져야 함을 보여준다. 그렇기에 만나의 밥상은 오늘 우리에게 '공정무역거래'(Fair trade)의 중요성을 가르쳐주는 밥상이다. 오늘날의 지구촌 곳곳에서 자유무역협정(FTA)이 체결된 이후에 두 사람만 웃고 여덟 사람은 울게 되었다고 한다. 이는 공정한 무역이 아니기 때문이다. 오늘날의 무역이 정의롭게 이루어진다면 지구촌의 온 세상이 골고루 풍성한 생명을 누리며 살아가는 생명의 동산이 될 수 있을 것이다. 특히 세계의 약자들, 세계의 3분의 2가 살아가고 있는 가난한 남반구 세계의 사람들 모두가 풍성한 생명을 누리며 살아가기 위해서는 반드시 공정한 무역을 통해서 이루어지는 만나의 밥상이 되어야 한다. 물론 화학약품을 일체 사용하지 않은 착한 지역농산물이 가장 중요하고도 우선적인 먹을거리임은 두말할 여지가 없다.

우리 역사 속에서 경험한 만나와 메추라기

지지리도 가난하게 살았던 우리네 선조들은 봄이 채 되기도 전에 모든 양식이 다 떨어져 배고픈 춘궁기를 맞이해야 했다. 그리하여 이른 봄이 되면 들로 산으로 올라가 산나물을 뜯어 그것으로 국을 끓여 먹음으로써 배고픔을 견디어냈던 것이다. 우리의 옛 산촌에서는 산나물 노래를 보다 길게 읊는 것이 선망받는 일류 신부의 조건이었다. 그것은 산나물의 가짓수를 많이 알수록 보릿고개를 넘기는 데 유리했기 때문이다. 여기에 몇 대목을 옮겨보자.

한푼 두푼 돈나물 쑥쑥뽑아 나싱개
잡아뜯어 꽃따지 영꾸부정 활나물
매끈매끈 기름나물 칭칭감아 감돌래
이산저산 번개나물 머리끝에 댕기나물
뱅뱅도는 돌개나물 말라죽기냐 고사리…

비오느냐 우산나물 강남이냐 제비풀
군불이냐 장작나물 마셨느냐 취나물
취했느냐 곤드레 담넘었냐 넘나물
바느질 골무초 시집갔다 소박나물
오자마자 가서풀 안줄까봐 달래나물
간지럽네 오금풀 정주듯이 찔끔초

<산나물타령>은 외우는 산나물 가짓수에 따라 12마당짜리, 33마당짜리, 99마당짜리까지 있었다고 한다. 산과 들판에서 자라는 여러 식물 가운데서 먹을 수 있는 산나물의 종류를 외운다는 것은 힘든 일이 아닐 수 없었다. 더욱이 산속을 헤매며 그 산나물을 확인하고 익히며 외워야 하기에 더욱 그러했다. 그러기에 "아흔아홉 나물 노래를 부를 줄 알면 삼 년 가뭄도 살아낸다."는 속담까지 있었던 것이다. 세계를

다녀보면 우리나라만큼 산나물 반찬이 많은 나라도 없는 것 같다. 우리 땅에 널려 있는 수백 가지의 나물은 가난했던 우리 민족에게 날마다 하나님께서 내려주신 귀하디귀한 선물임에 틀림없다.

〈산나물타령〉이라는 노랫말에서 본 것처럼, 우리는 봄이 되면 먹을 것이 없어 산으로 들로 나가 나물을 캐서 배를 채우고 소나무 껍질을 벗겨 송기로 배를 채우는 눈물어린 역사를 가지고 있다. 특히 조선시대 후반기부터 시작된 극빈의 삶은 일제의 폭압적인 통치시기에 극에 달해 대부분의 사람들이 굶주렸으며 특히 곳간에 넣어두었던 양식이 바닥이 난 봄에는 더욱 그러했다. 그러나 논둑과 밭에 그리고 들과 산에 쑥쑥 피어오른 쑥, 달래, 냉이, 씀바귀 그리고 두릅의 새순 등은 우리에게 생명을 제공해주었던 것이다.

달래라고 하는 야산(野蒜)은 김치에 빠질 수 없는 마늘의 사촌과도 같은 것이다. 한방에서는 들마늘이라 부르고 영어로는 'wild garlic'(야생마늘)이라고 한다. 마늘의 매운맛 성분인 알리신이 들어 있어 맵고, 항암채소로 주목받고 있다. 달래에는 피로회복을 돕는 비타민 C가 풍부하고 식욕을 되살리는 데도 그만이다. 또한 뼈와 치아건강을 좋게 하며 기나긴 겨울 동안 가장 부족하게 섭취한 칼슘을 봄나물 가운데 가장 많이 함유하고 있다.

향이 독특한 냉이는 제채(薺菜)라고 하는데 봄나물 중에서 단백질 함량이 가장 높아 고단백질 식품으로 알려져 있는 두부에 견줄 정도이다. 비타민 B1(피로회복), C(노화방지와 감기예방)도 풍부하다. 쌉싸래한 맛과 독특한 향을 지니고 있으며 특히 된장찌개에 잘 어울려 춘궁기에 된장국에 냉이를 넣어 허기를 채우곤 하였다. 냉이는 봄의 춘곤증은 물론 황사와 눈의 피로 회복에도 효과적이라고 한다.

씀바귀는 고채(苦菜)라고는 부르는데 쓴맛이 나서 쓴나물이라고도 불렸다. 씀바귀의 쓴맛은 미각을 자극하고 입안에 침을 돌게 한다. 한방에서는 춘곤증이 심하거나 젖몸살, 잔기침으로 고생하는 사람에게 추천한다. 씀바귀는 주로 뿌리를 먹는데 춘곤증에 시달리는 직장인이나 수험생에게는 잠을 몰아내는 효과가 있고 비타민 A(눈을 맑게 함) 함량이 가장 많은 나물이기도 하다.

취나물은 봄나물로서 국화과에 속한 여러해살이풀이다. 취나물은 '산나물의 왕'이라고 칭송받고 있는데, 그 이유는 '향소'라고 불릴 만큼 미각을 돋우는 쌉쌀한 맛과 약간 아릿한 향기 때문이다. 이뿐만 아니라 함유성분도 뛰어나서 칼륨, 비타민 A, 아미노산 함량이 많은 알칼리성 식품이다. 취나물은 혈관 안에서 피가 엉기어 덩어리가 되는 혈전을 예방하는 효과가 뛰어난 것으로 알려져 있는데 이러한 혈전은 다양한 관상동맥 질환의 원인이 된다고 한다. 또한 취나물은 혈액청정을 방해하는 지방을 효과적으로 배출해주는데, 취나물을 흰 쥐에게 섭취시킨 후 조사한 결과, 변을 통해 중성지방과 콜레스테롤이 빠져나가는 효과가 있었다고 한다.

더덕은 사삼(沙蔘)이라고도 하는데 씹을수록 진한 향이 남는 게 특징이고 흔히 고추장 양념을 발라 구워 먹지만 이른 봄에 나는 연한 뿌리는 생으로 먹거나 잘게 찢어 무쳐먹기도 한다. 더덕은 가장 좋은 건강식 중 하나로 손꼽힌다. 두릅나무는 아관목(亞灌木)이라고도 불리는데 늦은 봄에 나오기 시작하는 두릅나무의 새순은 정신을 맑게 하고 잠을 잘 자게 하며 콩팥 기능을 튼튼하게 해주어 만성신장병환자나 몸이 자주 붓는 이에게도 도움을 준다고 한다.

그 밖에도 필자가 사는 대평리 시골 마을에 널려 있는 민들레를 비롯하여 갖가지 산나물은 모질게도 가난했던 옛 시절에 하나님께서 우리 민족에게 마음껏 내려주신 생명의 나물들이었고 생명을 이어가게 한 만나와 메추라기 같은 것이었다.

시편 기자는 오늘도 "내가 산을 향하여 눈을 들리라 나의 도움이 어디서 올까"(시 121:1)라고 질문한다. 눈을 들어 우리 주위에 널려 있는 산과 들을 바라보자. 우리의 눈에 쉽게 들어오는 봄나물은 하나님께서 가난했던 옛 시절의 춘궁기에도 그리고 일제의 살인적인 폭압과 가난 속에서도 결핍되기 쉬운 비타민을 보충하여 생명을 이어가도록 우리 민족에게 내려주신 만나와 메추라기였다. "들의 백합화를 보라"(마 6:28)고 말씀하신 예수께서는 오늘도 우리에게 신령한 눈을 가지고 논두렁 밭두렁의 봄나물과 산과 들의 산나물들을 통해 만나와 메추라기를 보게 하시며 하나님의 사랑을 깨닫게 하신다. 왜 우리는 그것을 미처 깨닫지 못했을까?

우리가 나물을 무쳐 먹을 때마다 우리 가정에 임하신 하나님의 신비한 은총을 회상하며 감사해보자. 우리는 물론 우리의 자녀들도 나물 반찬과 함께 밥을 먹을 때 후다닥 먹어치울 것이 아니라 우리의 역사 가운데 임해오신 하나님의 은총의 손길을 음미하면서 천천히 삼키게 하여야 할 것이다. 모진 가난과 억압의 세월 속에서 하나님이 친히 차려주신 만나의 밥상을!

04

유월절, 민족의 해방을 기리며 즐거워하는 축제의 밥상

유월절의 밥상은 급하게 만들어 먹었던 누룩 없는 빵,
이집트 노예생활의 쓰디쓴 고통을 떠올리는 쓴나물과 1년 된 흠 없는 수양,
노예시절 벽돌을 찍어낼 때 사용한 반죽을 상징하는
사과와 견과류와 향료와 포도주를 섞어 만든 반죽 하로셋,
홍해라는 바다를 건널 때를 회상하는 소금물,
그리고 네 잔의 포도주를 온 가족이 함께 먹음으로써
음식으로 역사를 가르치는 축제의 밥상이다.

명절 하면 어린 시절 부모님으로부터 조금 큰 신발을 선물로 받아 새 신발 냄새를 코로 킁킁 맡다가 머리맡에 놓고 잠이 들었던 기억이 제일 먼저 떠오른다. 새해나 추석 명절을 맞이하기 바로 전날 밤 동네 목욕탕에 가서 목욕을 한 것도 재미있는 추억 중 하나이다. 새해가 되면 새옷을 입고 새 신발을 신고 동네 친척과 어른들의 집을 떼지어 돌면서 세배를 한 기억도 소중하다. 그믐날 밤에 집집마다 복조리를 던져놓고 설날이 지난 다음날쯤 복조리 값을 받으러 다니기도 했다. 어떤 집들은 복조리가 셀 수 없이 많이 들어왔어도 웃으며 복조리 값을 듬뿍 쥐어주었다. 세배를 다 마치고 집으로 돌아와서 온 가족이 빙 둘러앉아 윷놀이를 하던 추억은 모두가 지니고 있을 것이다. 어릴 때 맞이한 명절은 생각만 해도 기분이 좋아진다. 그 속에는 흩어져 있던 온 가족이 모여 함께 웃고 노래하고, 이야기하며 놀이하는 신명나는 축제가 있었고, 모두의 입을 즐겁게 해주는 음식이 있었기 때문일 것이다.

필자가 초등학교 시절에는 3·1절이나 8·15광복절이 다가오면 민족의 정신을 듬뿍 이어받는 것 같아 좋았고 마치 독립군의 후예가 된 것 같아 흐뭇했다. 이 때문인지 필자는 유학을 가서 공부와 목회를 병행할 때 새해와 3·1절, 광복절을 기념하는 예배에는 반드시 한복을 입었고 예배 마지막에는 "동해물과 백두산이 마르고 닳도록"으로 시작하는 〈애국가〉를 불렀다. 그러면 온 교회가 눈물바다가 되었다.

히브리 노예들의 해방 전야(前夜)

성서에 나타나는 명절도 우리의 명절과 크게 다르지 않을 것이다. 그들이 지키는 대표적인 명절로는 첫째, 민족의 해방을 기리는 유월절 또는 넘는절, 둘째, 유월절 이후 7주가 지나 보리와 밀 추수를 시작하는 절기인 맥추절 또는 칠칠절, 셋째, 한 해의 끝 무렵에 밭에서 애써 가꾼 것을 거두어들이며 수확한 것을 하나님께 감사드리는 초막절 또는 수장절이 있다.(출 23:14-17) 그중에서 유월절은 과연 어떤 의미가 있으며 유월절의 해방의 밥상과 예식을 통해 이스라엘 사람들이 무엇을 고백하고 후손들에게 무엇을 교육하려고 했는지 찾아보는 것은 오늘 우리에게도 매우 소중한 교훈이 될 것이다.

구약성서 출애굽기 3:7-8의 말씀을 보면 하나님께서 모세를 호렙

산으로 불러 출애굽의 계획을 말씀하신다. 하나님께서는 "내가 애굽에 있는 내 백성의 고통을 정녕히 보고, 그들이 그 간역자로 인하여 부르짖음을 듣고, 그 우고를 알고 내가 내려와서 그들을 애굽인의 손에서 건져내고 그들을 그 땅에서 인도하여 아름답고 광대한 땅 젖과 꿀이 흐르는 땅"으로 인도하시려고 모세를 선택하신다. 계속해서 출애굽기 6:6-7에서 히브리 노예들의 신음소리를 들으신 하나님께서는 "나는 여호와라 내가 애굽 사람의 무거운 짐 밑에서 너희를 빼내며 그들의 노역에서 너희를 건지며 편 팔과 여러 큰 심판들로써 너희를 속량하여 너희를 내 백성으로 삼고 나는 너희의 하나님이 되리니 나는 애굽 사람의 무거운 짐 밑에서 너희를 빼낸 너희의 하나님 여호와인 줄 너희가 알지라"고 말씀하신다.

기원전 13세기 이집트의 왕 람세스 2세는 거대한 비돔과 라암셋 성곽을 지었는데 이때 수많은 히브리 노예들이 강제로 동원되어 지긋지긋하고 무서운 노동을 하게 되었다. 하나님의 부름을 받은 모세는 람세스 2세를 찾아가 히브리 노예들을 해방시켜줄 것을 강력하게 요청했지만 무산되고 말았다. 그리하여 하나님은 모세를 통하여 이집트에 10가지 재앙을 내리셨다. 첫 번째, 물이 피가 되게 하고, 두 번째, 개구리 소동, 세 번째 '이'의 습격(공동번역엔 모기의 습격), 네 번째, 파리떼 소동(공동번역엔 등에 소동), 다섯 번째, 가축이 병들어 죽고, 여섯 번째, 독종, 일곱 번째, 우박, 여덟 번째, 메뚜기 소동, 아홉 번째, 온 땅에 흑암, 마지막 열 번째는 모든 사람의 장자와 모든 생축의 맏배가 죽는 재앙이 이집트 전역에 임하고 말았다. 결국 람세스 2세는 항복하였고 히브리 노예들은 해방되었다.

그런데 장자가 죽는 열 번째 재앙이 임하던 밤에 히브리 노예들은 하나님이 명하신 대로 1년 된 흠 없는 양이나 염소의 수컷을 잡아 그 피로 자신들의 집 좌우 문설주와 문 상인방에 발랐다. 그렇게 하여 장자가 죽는 열 번째 재앙을 무사히 넘어갔다. 따라서 이를 넘는절 또는 유월절이라 부르며 오늘까지 민족 해방의 명절로 지키고 있는 것이다.

유월절기의 해방의 밥상

출애굽기 12:8-9에는 유월절 해방의 절기에 먹을 음식이 구체적으로 언급되어 있다. "그 밤에 그 고기를 불에 구워 무교병과 쓴나물과 아울러 먹되 날것으로나 물에 삶아서 먹지 말고 머리와 다리와 내장을 다 불에 구워 먹고." 유월절 음식 메뉴는 고기와 누룩을 넣지 않은 빵과 쓴나물인데, 여기서 고기는 어린 양이나 어린 염소의 고기를 뜻한다. 첫째로, 그들에게 가장 중요한 축제 명절인 유월절은 무교절이 시작되는 전날 밤 출애굽 할 때 문설주에 어린 양의 피를 바름으로써 맏아들이 죽는 재앙을 피한 것을 기념하는 명절이며 이는 곧 해방의 출발점이 되는 날이다.(출 23:15, 34:18, 25, 레 23:5-8, 민 9:1-14, 28:16-25, 신 16:1-8) 유월절은 그해의 봄에 시작되는데 누룩을 넣지 않은 빵을 먹는 종교적 의식인 무교절과 연결되면서 역사적인 의미를 부여하고 있다.

히브리 사람들은 아빕월 14일을 유월절로 지키고 15일부터 7일 동안을 무교절로 지켰으며 이는 지금까지 민족의 축제로서 이어지고 있다. 무교절은 추수에 앞서 첫 이삭을 제물로 바치는 축제의 절기로서, 이 기간에는 누룩 없는 떡을 먹고 첫날과 마지막 날에는 생업에서 손을 떼고 거룩한 모임을 열어 이스라엘의 해방과 구원을 기뻐한다.

무교절은 히브리어로 마조트(matzot)인데 이는 누룩을 넣지 않은 빵을 의미한다. 무교절에는 누구든지 하나님 앞에 빈손으로 나와 첫 곡식으로 첫 제물을 드려야 한다. 누룩을 넣지 않았다는 것은 새로운 시작을 의미하기도 한다. 그러나 신명기 16장에는 누룩을 넣지 않은 빵을 고난의 빵으로 묘사하며 출애굽의 때를 평생토록 기억할 것을 당부하고 있다. 이처럼 무교절은 히브리 민족이 가나안에 들어온 후, 첫 곡식을 하나님께 바치는 것에서부터 시작된 유목문화를 반영하고 있는데 이러한 무교절이 유월절과 연결되면서 길고도 긴 노예의 고통과 억압의 역사를 뛰어넘어 출애굽의 해방과 구원의 역사를 기뻐하는 축제의 절기가 된 것이다. 그렇기에 그들이 차린 먹을거리는 곧 해방의 잔칫상이 된다.

두 번째로 나타나는 음식은 빵과 함께 먹는 쓴나물이다. 쓴나물은 히브리어로 '메로립'이라고 부르는데 성서학자들도 이 채소가 구체적으로 어떤 것인지 정확하게는 알 수 없다고 한다. 성서 식물학자들은 국화과에 속하는 식용 식물인 '치커리'(chicory)로 추정하고 있다.

세 번째로 유월절에 반드시 먹어야 하는 음식은 난 지 1년 된 흠 없는 깨끗한 양이나 염소로 구운 고기이다. 출애굽기 12:3-5에는 유월절에 "너희는…이 달 열흘에 너희 각자가 어린 양을 취할지니 각 가족대로 그 식구를 위하여 어린 양을 취하되 그 어린 양에 대하여 식구가 너무 적으면 그 집의 이웃과 함께 사람 수를 따라서 하나를 취하며 각 사람이 먹을 수 있는 분량에 따라서 너희 어린 양을 계산할 것이며 너희 어린 양은 흠 없고 일 년 된 수컷으로 하되 양이나 염소 중에서 취하"라고 기록되어 있다.

이처럼 유월절 고기와 누룩 없는 빵과 쓴나물로 차려지는 밥상은 이스라엘 공동체가 함께 출애굽 고난의 때를 기억하는 밥상이요, 하나님의 해방의 날을 기념하는 밥상임을 분명히 밝힌다.

전승에 따르면 유월절에는 무교병 세 개와 접시에 담긴 여러 음식을 먹었다고 한다. 이 접시에는 양이나 소의 정강이살, 찐 달걀, 하로셋, 푸른 채소, 쓴나물, 네 잔의 포도주가 담겨 있었다. 양이나 소의 정강이살은 유월절 희생제물을 상징하며 찐 달걀은 성전에서 매일 드리는 제물을 상징한다. 하로셋은 사과와 견과류와 향료와 포도주를 섞은 반죽으로 만든 음식인데 히브리인들이 이집트에서 강제노동하면서 벽돌을 찍어낼 때 만들었던 반죽을 상징한다. 쓴나물(마로르)은 흔히 양고추냉이를 사용하는데 이는 이집트 강제노동의 쓰디쓴 고통을 상징한다. 그리고 네 잔의 포도주는 이 예식을 진행하는 동안 기도문을 외우면서 마신다고 한다.

감리교신학대학교의 이환진 교수는 『히브리 가락, 히브리 노래, 히브리 성서』에서 "넘는절(유월절) 밥상 공동체 : 구약과 유대교의 넘는절 예식"이라는 값진 연구를 첨부하였는데 그는 여기서 유월절에 대한 이해를 새롭게 열어주고 있다. 그에 의하면 유월절 음식은 마치 잔칫상을 차려놓고 민족의 해방을 기뻐하고 하나님의 창조의 손길을 감사하면서 찬양하는 명절의 잔치이다. 또한 모든 악조건 속에서도 인간과 모든 생명 공동체를 구원하여 주시고, 천지를 창조하셔서 인간이 먹고 마시고 하나님을 찬양하게 하시며, 정의를 창조하셔서 모두가 함께 평화롭게 살기를 바라시는 그 하나님을 기억하게 한다. 이러한 창조의 하나님이 히브리 노예들을 해방시키어 출애굽 하게 하셨으니 유월절을 통해 하나님의 해방사건과 구원사건을 그들의 밥상과 예식을 통해 철두철미 되새겨나가는 것이다.

현대 유대인들의 유월절 예식

현대 유대인들은 가정에서 유월절 예식을 지킨다. 따라서 이 예식을 인도하는 이는 가장이다. 유대인들은 유월절 예식의 순서를 '쎄데르'(סדר)라고 부른다. 언제부터 이렇게 불렸는지는 정확하게 알 수 없다. 이 유월절 명절의 순서가 적혀 있는 책을 유대인들은 '하가다 쉘 페싹흐'(הגדה של פסח)라고 부르는데 이는 '유월절 이야기'라는 뜻이다.(중세 때부터 전해 내려오는 하가다는 크게 나누어 두 종류가 있다. 하나는 스페인에서 살던 유대인들의 전통을 반영하는 쎄파르디 하가다[the Sephardi Haggadah]이고, 다른 하나는 독일과 북부 이탈리아와 프랑스에서 살던 유대인들의 전통을 반영하는 아쉬케나지 하가다[the Ashkenazi Haggadah]이다. *The Ashkenazi Haggadah*, "Introduction" 참조.) 400여 종 이상의 판본이 있는 유월절 예식은 판본마다 다르나 그 순서는 대략 다음과 같다.

1. 카데쉬(קדש) — '키두쉬'(성화)를 낭송한다.
2. 우르하쯔(ורחץ) — 손을 씻는다.
3. 카르파스(כרפס) — 푸른 채소를 먹는다.
4. 야하쯔(יחץ) — 무교병을 반으로 깨어 반은 다음에 먹기 위해 숨긴다.
5. 마기드(מגיד) — 유월절 이야기를 낭송한다.
6. 로호짜(רחצה) — 음식을 먹기 전 손을 씻는다.
7. 모찌(מוציא) — 감사기도를 드린다.
8. 마짜(מצה) — 무교병을 먹는다.
9. 마로르(מרור) — 쓴나물을 먹는다.

10. 코레크(כורך) — 무교병을 쓴나물과 함께 먹는다.

11. 슐한 오레크(שלחן-עורך) — 함께 음식을 먹는다.

12. 짜푼(צפון) — 숨겨둔 무교병을 나누어 먹는다.

13. 바렉(ברך) — 음식을 먹은 뒤 감사기도를 올린다.

14. 할렐(הלל) — '할렐'(찬양)을 낭송한다.

15. 니르짜(נרצה) — 유월절 예식을 마무리한다.

많은 판본에 '카데쉬'라고 하는 첫 순서 전에 '누룩'을 제거하는 순서가 있다. 이것은 "그 첫날에 누룩을 너희 집에서 제하라"(출 12:15)고 하는 말씀을 지키기 위해서이다. 이런 전통은 앞에서도 언급한 것처럼 기원전 5세기 이집트의 엘레판틴 유대인 공동체가 '누룩'에 대해 지대한 관심을 기울인 것과 맥이 통하는 관습이다. 이렇게 누룩과 관련된 순서는 무교병을 먹는 것으로 계속 이어진다. 위의 순서에서도 알 수 있듯이 4번('야하쯔')과 8번('마짜'), 10번('코레크') 그리고 12번('짜푼')의 무교병과 관련된 순서를 통해서 이 유월절 예식이 무교병과 얼마나 밀접한지를 알 수 있다. 누룩을 제거하고 난 다음 '키두쉬'라는 기도문을 외우는데 이 기도문의 특징은 하나님의 창조를 이야기하는 창세기 2장이 들어 있다는 점이다.

> 하나님은 하늘과 땅과 그 가운데 있는 모든 것을 다 이루셨다. 하나님은 하시던 일을 엿샛날까지 다 마치시고, 이렛날에는 하시던 모든 일에서 손을 떼고 쉬셨다. 이렛날에 하나님이 창조하시던 모든 일에서 손을 떼고 쉬셨으므로, 하나님은 그 날을 복되게 하시고 거룩하게 하셨다.(창 2:1-3, 새번역)

안식일로 들어서는 금요일 해거름에 시작되는 유월절은 '키두쉬' 낭송으로 시작된다. '키두쉬'는 일반적으로 안식일이 시작되는 날 저녁, 포도주를 앞에 놓고 "야웨님, 우리 하나님, 포도를 내신 삼라만상의 임금님, 찬양받으소서!"라고 기도를 드린다.

우리는 흔히 유월절은 강제노동을 상징하는 이집트의 노예생활에서 해방받은 사건을 기념하는 명절로만 알고 있다. 그런데 유월절 예식인 '쎄데르'는 이렇게 하나님의 창조사건을 고백하는 것으로 시작한다. 위의 창세기 2장은 말할 것도 없고 포도를 내신 하나님께 감사드리는 짧은 기도문에도 하나님의 창조는 찬양의 분명한 이유로 등장한다. 위의 기도문 가운데 "포도를 내신 삼라만상의 임금님"이라는 표현은 "포도 넝쿨의 열매를 창조하신(보레, בורא) 세상의 임금님"이라는 말이기 때문이다. 곧 '창조하다'(바라, ברא)라는 동사는 창세기 1장에서 하나님이 천지를 창조하신 사건을 묘사하는 전문용어이다.

이와 관련하여 우리는 위의 순서 중 마지막 부분에 등장하는 '할렐' 부분에 주의를 기울일 필요가 있다. 본디 '할렐'은 '주님을 찬양하라!'는 뜻의 '할렐!'로 시작하는 시편들을 가리키는 말로, 시편 104-106편, 111-118편, 120-136편의 세 그룹이 있다. 이 가운데에서 시편 113-118편은 '이집트 할렐'(הלל המצרים, Egyptian Hallel)이라고 부르는데 유월절을 마무리하면서 부르는 시편이다. 그런데 이들 시편을 '이집트 할렐'이라고 부르는 이유는 시편 114편 때문이다.

할렐루야.

이스라엘이 에집트에서 나올 때 야곱의 집안이 야만족을 떠나올 때

유다는 그의 성소가 되고 이스라엘은 그의 영토가 되었다.

바다는 이를 보고 도망치고 요르단강은 뒤로 물러섰으며
산들은 염소처럼 뛰놀았고 언덕들은 양처럼 뛰었다.
바다야! 너 어찌하여 도망치느냐?
요르단아! 너 어찌하여 물러서느냐?
산들아, 어찌하여 너희가 염소처럼 뛰며
언덕들아, 어찌하여 너희가 양처럼 뛰느냐?
땅이여, 너는 네 주인 앞에서,
야곱의 하느님 앞에서 떨어라.
그분은 바위를 변하여 못이 되게 하시며
바위로 하여금 샘이 되게 하시는 분이시다.
—공동번역

"이스라엘이 에집트에서 나올 때에"라는 말로 시작하는 것을 보면 이 시편은 분명히 출애굽 사건을 말하고 있다. 또한 '양'이나 '염소'라는 말도 유월절 어린 양을 생각나게 하는 말이다. 바다가 도망치고 요단강이 뒤로 물러났다고 하는 것을 보면 갈대바다를 건너고 요단강을 건너 가나안 땅으로 들어가는 사건을 말하고 있음이 분명하다. 이를 우리는 광야 사건이라고 부른다. 이렇게 광야 사건을 회상하는 표현은 "그분은 바위를 변하여 못이 되게 하시며 바위로 하여금 샘이 되게 하시는 분이시다."라는 마지막 구절이다.

창세기에서 하나님의 창조에 나타나는 '바다'와 '강'으로 상징되는 물은 제압해야 할 대상이었다. 달리 말하면 바다와 강은 하나님이 다스려야 할 원수로 등장한다. 그 대표적인 예가 시편 74:13-17이다.

당신은 그 크신 힘으로 바다를 가르시고
바다 위에 솟은 괴물들의 머리를 짓부수신 분,
레비아단, 그 머리를 깨뜨리시고
그 고기로 사막의 짐승들을 먹이신 분,
샘을 터뜨려 물길을 트시고 유유히 흐르는 강물도 말리셨습니다.
낮이 당신의 것이니 밤 또한 당신의 것,
해와 달을 제자리에 놓으신 분도 당신이십니다.
땅의 경계들을 정하신 이도 당신이시요
여름과 겨울을 마련하신 이도 당신이십니다.
—공동번역

시편 74편을 읽어보면 바다와 강을 제압하시고 메마르게 하시는 하나님의 모습을 발견하게 되는데 그 문맥은 분명히 창조사건이다. "낮이 당신의 것이니 밤 또한 당신의 것, 해와 달을 제자리에 놓으신 분도 당신이십니다."라는 부분이 이 점을 분명히 말하고 있다. 그러므로 유월절 명절의 예식을 마무리하면서 읽는 시편 114편은 분명히 출애굽과 창조를 함께 고백하는 시편인 것을 알게 된다. 따라서 넘는절 예식은 창조 전통이 출애굽 전통을 감싸고 있는 형상으로 구성되어 있다고 말할 수 있다.

유월절의 명절은 히브리 민족의 출애굽, 민족의 해방을 기리는 명절이지만 그 명절을 고백하며 기도하는 내용은 하나님 창조 신앙을 고백함으로써 새롭게 시작하는 것을 알 수 있다. 곧 출애굽 신앙과 창조 신앙이 절묘하게 결합되어 있는 것이 바로 유월절 축제의 절기요 해방을 기리는 축제의 예배인 것이다. 이스라엘 공동체는 유월절 음식을 통해 이집트에서 해방된 것을 평생 기억함은 물론 고난과 고통, 억압과 수난의 경계를 모두 함께 무너뜨리고서 해방과 구원의 하나님의 나라를 향하게 하는 축제의 밥상, 해방의 잔칫상이 되게 하는 것이다.

한국교회가 되새겨야 할 해방의 밥상

우리나라의 역사와 히브리 민족의 역사를 비교해보면 닮은 점이 매우 많다. 그들과 우리는 거대한 강대국 사이에 끼여서 수시로 침략을 받거나 식민통치를 받은 뼈저린 아픔의 경험을 지니고 있다. 또한 시기는 다르지만 히브리 민족은 이집트 제국으로부터, 우리는 일본 제국으로부터 해방을 맞이한 해방의 민족이라는 점에서 똑같은 기쁨과 감사의 경험을 가지고 있다. 나아가 그들이나 우리나 자녀와 후손에게 민족의 고난의 역사를 기리면서 새로운 교훈을 주고자 한다는 점에서 매우 흡사하다고 하겠다.

히브리 사람들은 선조들의 해방의 명절을 철두철미 신앙으로 지킨다. 그들은 과거 노예의 역사 속으로 임해오신 하나님의 구원과 해방의 역사를 자녀들에게 온몸으로 가르치는 데 최선을 다한다. 나아가서 그러한 명절을 통해 온 가족이 모여 함께 절기를 기리면서 유월절 해방의 음식을 나눈다. 이러한 점에서 우리보다 훨씬 더 교육적이고 신앙적이라고 말할 수 있다.

그러나 한국교회에서는 3·1절 기념예배가 서서히 사라지고 있으며 광복절 기념예배 또한 사라지고 있는 실정이다. 광복절 기념예배 대신에 남북평화통일을 기리는 예배로 대치하여 드리는 교회도 더러 있다. 더욱이 3·1절 기념예배, 광복절 기념예배 또는 평화통일기원예배를 드린 후 그날의 의미를 더욱 심화시키고 교육해나갈 이렇다 할 음식이 없는 것은 매우 아쉬운 점이다.

예부터 우리 선조들은 장맛을 가문의 자랑으로 생각하며 자부심을 가졌다. 전통 간장은 메주를 소금물에 담가서 뺀 진액으로 우리 음식의 자존심이며 암과 당뇨, 뇌졸중으로부터 우리를 지켜주는 건강 파수꾼이다. 실로 국적 불명의 가공식품, 불량음식, 각종 식품첨가제, 환경호르몬, MSG, 트랜스 지방, 농약에 절어 있는 음식, 유전자변형 식품 그리고 패스트푸드로 3·1운동을 기념한다면 말이 되지 않는다.

옛 어른들은 된장이야말로 5가지 덕을 갖춘 5덕의 식품이라고 생각하였다. 첫째, 다른 맛과 섞여도 고유의 맛과 향미를 잃지 않는다는 단심(丹心), 둘째, 오래도록 상하거나 변함이 없다는 항심(恒心), 셋째, 비리고 기름진 냄새를 없애면서 본래의 영양가는 생선이나 고기보다 못할 것이 없는 것으로 신뢰가 가고 믿음직스러운 신심(信心), 넷째, 매운 맛이나 독한 맛을 중화시켜 부드럽게 해준다는 선심(善心), 다섯째, 어떤 음식과도 조화를 잘 이루고 자연과 동화를 이룬다는 화심(和心) 곧 평화의 음식이라고 여겨왔다. 그래서 옛 어른들은 된장을 자주 먹으면 우리 마음도 변함없이 항상 선하고 화합적이며 덕을 잃지 않아 서로 상생하면서 아름다운 사회를 만들어갈 수 있다고 믿었다.

3·1절을 기리는 예배를 드린 후 일제강점기의 사회적·정치적 압제의 시절, 그 혹독한 춘궁기를 생각하며 보리쌀을 많이 섞은 밥과 함께 들과 밭에서 캐온 냉이, 달래, 쑴바귀 등에 된장을 풀어 만든 나물국을 먹는 것은 어떨까? 나물로 만든 비빔밥과 된장찌개 혹은 된장국은 고난의 역사와 궁핍의 삶의 이야기가 들어 있는 음식이 될 것이다. 이러한 음식으로 우리의 자녀들에게 3·1운동의 역사와 신앙이 이어지

게 할 수도 있을 것이다.

우리 민족에게 가장 중요한 날은 뭐니뭐니해도 일제강점기로부터 해방된 광복절이다. 그럼에도 불구하고 민족의 해방을 기리는 예배가 한국교회에서 점점 사라지고 있다는 것은 참으로 가슴 아픈 일이다. 그것은 한마디로 오늘의 교회가 우리 민족의 역사에 대한 관심이 없어지고 있다는 증거이다. 광복절을 기리는 예배는 마치 히브리 민족이 자신들의 해방의 명절인 유월절을 기리며 예배드리는 것과 똑같은 의미이다. 그렇다면 우리 민족의 해방을 기리는 예배와 함께 어떤 음식을 만들어 먹는 것이 가장 교육적일까? 예배 후 모두 둘러앉아 주먹밥이나 죽 또는 감자나 고구마를 삶아 먹으며 하나님이 함께하셨던 해방의 역사를 이야기하고 그 시기에 부르던 찬송을 함께 불러보는 것은 어떨까?

광복절 기념예배를 평화통일을 기원하는 예배로 드리는 교회들은 예배 후 '해원'(解寃)떡을 만들어 먹는 것도 나쁘지 않을 것이다. 우리 민족의 세시민속 가운데 새해의 첫 대보름날에 원한을 푸는 떡인 '해원떡'이라는 것이 있다. 한 해를 살다보면 이익(利益)과 해(害)에 얽히든 오해에 얽히든 간에 누군가와 원망이 생기게 마련이다. 한 마을에 살면서 불편한 관계를 갖는다면 피차에 괴로운 일이 아닐 수 없다. 따라서 대보름 명절에 그 불편한 관계를 말끔히 씻기 위해서 떡을 만들었는데, 원한이 클수록 크게 만들고, 작으면 작게 만들어 나누어 먹음으로써 지난해의 불편했던 관계를 깨끗이 씻고 새로운 출발을 했다고 한다. 평화통일기원주일에는 남북의 화해와 평화를 기원하는 뜻에서 해원떡을 만들어 먹으면 어떨까?

05

가난한 다문화가정의 여성, 룻을 통해 맛보는 풍성한 밥상

이방 여인 룻의 밥상은 경제적 궁핍으로 만든 눈물의 밥상,
이방 여인이라 차별을 받으며 살아갈 수밖에 없었던 인종차별의 밥상,
남성 중심의 가부장적인 사회에서 무성하게 자리하고 있는
성차별의 밥상을 극복해낸 기쁨과 감사가 넘치는 풍성한 밥상이다.

구약성서 룻기의 이야기는 한 마을의 심각한 기근으로부터 시작된다. 그리하여 빵집이라고 불리는 베들레헴에까지 인간의 생명을 앗아가는 심각한 기근의 제1막이 오른 것이다. 그 기근은 하나님을 섬기던 엘리멜렉과 나오미의 가정에도 어김없이 찾아왔다. 결국 그들은 하나님의 축복이 배여 있는 선조들의 땅, 베들레헴 마을을 뒤로 하고 두 아들과 함께 가난한 떠돌이 신세로 전락하고 만다. 요즘말로 경제적 난민이 되고만 것이다. 그들은 새로운 삶을 위해 이방의 땅이라 불리던 모압 땅에 간신히 도착한다. 모압은 자신의 자녀들을 희생 제물로 드리는 종교행위 때문에 예언서에서 맹렬히 비난하는 곳이기도 했다.(사 15장, 렘 48장, 암 2장 참조)

천신만고 끝에 모압 땅에 도착하여 서서히 자리를 잡아갔지만 비극은 거기서 끝난 것이 아니었다. 더욱 심각한 제2막이 기다리고 있었던 것이다. 처음 얼마간은 먹을거리가 어느 정도 해결되었다. 그리하여 장성한 두 아들은 행복하고 안정된 삶을 위해 모압 마을에서 그곳 여인들과 결혼을 한다. 그러나 불행하게도 그 가정은 세 남자들의 때 이른 죽음으로 무너지고 만다. 남은 세 여인은 한편으론 기근이라고 하는 살인적인 가난과, 다른 한편으로는 적대적인 이웃들과 직면해야 했다. 특히 시어머니 나오미에게 모압의 마을은 신앙과 문화와 생활관습이 다른 이방 땅이었다. 결국 나오미는 고향 마을 베들레헴으로 돌아가기로 결심한다.

삼중의 장애물이 있는 베들레헴 땅

나오미는 두 며느리에게 자신을 따라오지 말고 각자의 고향으로 돌아갈 것을 강력하게 권했다. 며느리 중 오르바는 고향을 택하여 안전한 길을 찾아 떠났지만 룻은 그것을 거절하였다. 룻은 베들레헴으로 되돌아가려고 하는 시어머니와 함께 미래가 보장되지 않은 땅, 불확실하고도 심히 어려운 길을 목숨을 걸고 선택한 것이다. 룻기 1:16-17을 보면, 룻이 나오미에게 자신의 단호한 결단을 다음과 같이 이야기하고 있다. "어머니께서 가시는 곳에 나도 가고 어머니께서 머무시는 곳에서 나도 머물겠나이다 어머니의 백성이 나의 백성이 되고 어머니의 하나님이 나의 하나님이 되시리니 어머니께서 죽으시는 곳에서 나도 죽어 거기 묻힐 것이라 만일 내가 죽는 일 외에 어머니를 떠나면 여호와께서 내게 벌을 내리시고 더 내리시기를 원하나이다." 즉 룻은 어머니의 민족이 자신의 민족이 되고 어머니의 하나님이 자신의 하나님이라고 고백한 것이다. 이는 실로 엄청난 고백이다. 이러한 신앙고백을 통해 룻은 시어머니 나오미와 더불어 살아가야 하는 생명의 공동체를 재확인하고 있다. 룻은 이렇게 유다 사람인 나오미를 받아들였던 것이다.

뉴욕 유니온 신학교의 명예 구약교수인 필리스 트리블(Phyllis Trible)이라는 여성신학자는 "모든 이스라엘의 역사 속에서 가장 힘든 결단은 룻의 결단"이라면서 "룻의 과격하고도 모험적이며 파격적인 결단에 버금가는 사건은 오직 아브라함의 결단뿐"이라고 강조한 바 있다. 그러나 그녀는 "아브라함은 하나님으로부터 부름을 받았으나(창 12:1-5) 룻은 하나님의 음성이나 부르심을 받지 않고서 내린 결단"이라고 지적한다. 이러한 트리블의 지적은 매우 탁월한 것이다.

우리는 아브라함을 믿음의 조상이라고 말한다. 아브라함은 하란 땅을 떠나라는 하나님의 말씀이 떨어지자 75세의 나이에도 불구하고 말씀에 순종하여 약속의 땅 그러나 불확실한 미지의 땅인 가나안을 향해 나아갔다. 떠날 당시 아브라함에겐 그의 동반자인 아내와 풍부한 재산도 있었지만 분명한 것은 자신을 향한 하나님의 말씀과 굳은 약속이 아브라함을 움직이게 했다는 사실이다. 이러한 아브라함을 우리는 믿음의 조상이라고 부르는 것이다.

그러나 모압 여인 룻이 시어머니의 고향인 가나안 땅으로 갈 때에는 아브라함과는 달리 하나님의 구체적인 부르심도 없었으며, 아브라함처럼 하나님의 축복을 약속받지도 못하였다. 남편이 죽어 혼자가 된 룻에게는 자신의 생명을 지탱시켜 줄 남편이나 재산은커녕 오히려 자신이 책임져야 할 시어머니 나오미만이 있었다. 그럼에도 불구하고 룻은 무력하고 나이든 시어머니 나오미를 향해서 "죽음이 갈라놓을 때까지" 일평생 헌신하겠다고 다짐하며 시어머니가 믿는 하나님을 믿겠다고 결단한 것이다.

룻은 외국인 다문화가정으로서, 자신의 민족이 만들어놓은 전통종교와 신앙으로 형성된 자신의 정체성을 버리고 모압 땅을 떠나 베들레헴으로 떠날 결심을 했다. 신명기 23:3에 기록된 것처럼 암몬과 모압 사람들은 야웨의 총회에 들어가는 것이 금지되었고, 그들의 자녀들조차 야웨의 총회에 들어가는 것이 금지되었을 만큼 이스라엘과 적대적이었음에도 불구하고 룻은 나오미를 받아들였고 나오미가 믿는 신앙과 전통 그리고 문화까지도 자신의 것으로 받아들이려고 한 것이다.

그리하여 나오미는 며느리 룻을 데리고 고향 땅 베들레헴으로 되돌아갔다. 잘 살아보기 위해서 모압 땅에 갔으나 잘 살기는커녕 그곳에 간 남자들은 모두 죽고 알거지가 되어 돌아온 것이다. 그렇기에 나오미와 룻의 모습은 베들레헴 지역에서 살아가는 사람들에게 재미있는 이야깃거리가 되었다. 나오미를 알아본 마을 사람들은 그녀를 보면서 "당신이 나오미이지요?"라고 물었다. 아마 그들은 초라하고 보잘것없는 나오미를 보자 충격과 함께 고소해하는 마음이 들었는지도 모른다. 남편이 죽어 혼자가 된 젊은 모압 댁 룻은 시어머니 나오미보다도 더욱 재미있는 이야깃거리가 되었다. 아마 룻도 이 사실을 알고 있었을 것이다. 나오미는 고향 마을에 돌아오면 모든 일이 다 잘 풀릴 것이라는 한줄기 희망을 가지고 있었을 테지만 정작 사람 대하기가 두렵고 외로워 우울증이 생길 정도였다. 철저하게 알거지가 되어 돌아온 실패한 삶이 창피스러웠음은 두말할 여지도 없다. 심지어 자신의 이름과 믿음과 희망을 부정할 정도에 이르렀다.

시어머니 나오미를 따라 도착한 베들레헴에서 룻은 엄청난 문제에 당면했다. 첫째는 경제적 빈곤의 문제였다. 남편을 잃은 여성으로 혼자 살아간다는 것은, 그것도 홀로 계신 시어머니를 모시고 산다는 것은 이중 삼중의 경제적 어려움이 쌓여 있다는 말이기도 했다. 그가 당면한 경제적 어려움 그 자체가 고난 중의 고난이었고 어떻게 생존해나갈 것인가 하는 것이 가장 큰 문제였다. 룻의 고민은 과연 자신이 머물 곳은 어디인가 하는 살 곳의 문제였고, 무엇을 해야 먹을 것을 얻을 수 있을 것인가 하는 먹을거리의 문제였으며 자신의 재능이 인정받을 수 있을 것인가 하는 것과 나아가서 마을의 모든 사람으로부터 배척당하거나 외면당하지 않고 함께 어우러져 살 수 있을 것인가에 대한 문제였다.

둘째는 히브리 순수혈통을 강조하는 유대 땅에서 이방인으로 살아가야 한다는 문제였다. 그녀는 가난한 외국인으로, 여성 이방인으로 냉대당하며 인종차별을 극복해나가야만 생존할 수 있었다. 히브리 사람들은 이방인들을 하나님께 범죄한 집단으로 이해하였고, 율법이 없는 자로, 우상숭배자 그리고 악독한 자로 생각하였다. 심지어 그들을 하나님께 감사할 줄 모르는 인간 이하의 사람으로 여겼으며 보증을 설 수도 없고 함께 식탁을 나눌 수 없다고 생각해 율법에서는 이방인들과의 결혼을 금지하기도 하였다. 룻이 나오미와 함께 정착한 베들레헴은 이렇게 사람을 차별하는 곳이었다.

셋째는 성차별의 문제이다. 베들레헴이라는 땅은 남성 중심의 종교가 뿌리를 내린 곳이요 남성 중심의 문화가 뿌리 깊게 내려오는 여성 억압과 성차별의 장소였다. 창세기 19장에는 두 천사가 소돔 땅에 있는 룻의 집을 지나치다가 룻의 간청으로 그의 집에 머문 이야기가 나온다. 이때 동네 사람들이 두 천사를 내어달라고 하자 룻은 두 딸을 그들에게 내어주겠다고 했다. 또한 성폭행당하여 이름 없이 사라진 레위인의 둘째 부인의 죽음과 주인의 딸의 죽음(삿 19장), 입다의 딸의 죽음(삿 11:29-40) 등에서 볼 수 있듯이* 이 땅은 여성에 대한 남성들의 억압과 성폭력이 난무한 위험천만의 땅이었던 것이다.

베들레헴은 빈곤으로부터 오는 쓰라린 가난과 배고픔, 여성에 대한 억압 그리고 타향살이라는 삼중의 고난이 있는 '생명 죽음'의 세력과 다름없는 곳이었다. 그러나 룻기의 저자는 이방 여인 룻이야말로 공동체의 생명과 온 공동체의 구원을 위해 일한 인물임을 크게 부각시키고 있다. 룻은 그 어떤 생명 죽임의 세력에도 굴하지 않고 공동체 모두를 위해 생명을 살려내고, '풍성한 생명'을 창조하는 일에 헌신하는 새로운 인간성의 한 모형이 됨으로써 오늘 우리에게 도전을 준다. 룻은 풍성한 생명을 창조한 생명 살림의 증언자였던 것이다.

주운 이삭으로 만든 효심의 밥상

룻은 베들레헴 사회가 어떻게 돌아가는지 알지 못했을 뿐만이 아니라 누가 베들레헴 사회에서 중요한 사람인지도 전혀 모르는 이주 여성이었다. 그녀는 아직까지 베들레헴 사회에 뿌리내리지 못한 이방인 여성이었다. 룻은 자신의 가족을 책임질 수 있는 친족, 보아스의 밭에서 이삭을 줍는 일을 시작했다. 룻은 자신을 향해 점잖고 부드러우며 온유한 말로 배려해주고 다른 밭에 가지 말고 자신의 밭에서 이삭을 주울 수 있도록 도와주는 보아스에게 감사한 마음을 가지며 이삭 줍는 일에 최선을 다했다. 그리하여 룻은 자신이 누구인지 아직 말하지 않은 낯선 사람, 보아스의 발 앞에 엎드려 절하며 "나는 이방 여인이거늘 당신이 어찌하여 내게 은혜를 베푸시며 나를 돌보시나이까"라고 인사를 한다.(룻 2:10) 룻은 감사한 마음으로 엎드려 스스로의 자존심을 내어던지고 있는 것이다.

보아스는 룻의 효성이 담긴 감동적인 이야기를 듣고 감동을 받았다. 룻에게 여러 가지 방법으로 도움을 주려고 한 것은 보아스가 선한 사람이었음을 보여준다. 이방 여인이며 이주노동자인 룻이 이스라엘의 하나님의 날개 아래 안전한 삶과 온전한 삶 그리고 충만한 삶을 구하고 있는 것을 보아스는 알고 있었으며 알게 모르게 도움을 준 것이다. 보아스는 그의 사람들에게 이방 여성 곧 다문화가정의 룻에게 공손히 대하며, 자비롭게 대하라고 지시하면서 그 이방인의 존재를 눈감아주려고 했다.

레위기는 피난민인 이주노동자를 어떻게 다루어야 하는지를 분명하게 말해준다. 추수기에 피난민들의 대우에 관한 레위기의 윤리적 가르침은 이스라엘 역사와 야웨 하나님의 거룩한 신성에 기초하여 있는 것이다. 그러나 보아스는 아직 자신이 룻의 시댁 가족과 가까운 친족임을 알지 못하고 있었기에 룻에 대한 가족적인 책임을 완전히 받아들인 것은 아니었다. 보아스를 통해 많은 도움을 받은 룻은 자신이 하루 동안 주운 보리 이삭과 먹다 남은 빵까지 싸서 배고플 시어머니를 생각하며 집으로 달려갔다. 룻은 보아스의 밭에서 일해 얻은 모든 것을 시어머니 나오미에게 내어놓으며 어머니를 정성껏 대접하며 섬겼다.

룻의 풍성한 밥상

나오미는 들판에서 여자들이 일할 때 따라오는 위험에 관해서 특별히 주의하도록 룻에게 일러주면서 그녀에게 친절을 베푼 보아스야말로 가까운 친척이며 자녀의 대를 잇게 해줄 기업을 무를 자 중 한 사람임을 이야기해주었다. 나오미는 딸과 같은 며느리 룻에게 친족 보아스와 함께 잠자리하는 것이 룻 스스로를 위해서 좋다고 제안한다. 나오미는 룻에게 "내 딸아 내가 너를 위하여 안식할 곳을 구하여 너를 복되게 하여야 하지 않겠느냐"라고 말했다.(룻 3:1) 나오미는 룻을 마치 매춘부처럼 보아스에게 보내려고 한 것이다. 만약 그 일을 통해 룻이 보아스로부터 보호를 받게 되면 나오미 자신도 보호받을 수 있기 때문이었다. 만약 나오미의 뜻대로 되지 않았을 경우에 나오미는 룻에게 보아스가 하자는 대로 하라고 일러주었으므로 그 일의 결과에 대해서는 책임을 지지 않아도 되는 것이다. 어떤 시어머니가 딸과 같은 며느리에게 그렇게 말할 수 있을까?

당시 추수한 곡식에 대한 키질은 지중해로부터 서늘한 바람이 불어오는 밤에 이루어졌으며 일꾼들은 곡식을 지키기 위해서 타작마당에서 잠을 잤다. 룻은 신부와 같이 준비하고 보아스가 먹고 마실 때까지 기다렸다가 그가 타작마당 가까이에 있는 잠자리에 들러 갈 때, 그의 발치 이불을 들고 눕도록 나오미의 지시를 받았다. 그리하여 룻은 결혼하는 신부가 첫날밤을 위해 몸을 단장하는 것처럼 목욕을 하고 기름을 바른 후 보아스의 타작마당을 향하여 나아갔다. 과연 우리는 보아스를 향해 나아가는 룻의 마음이 어떠한지 상상이나 할 수 있을까? 룻의 마음속에 계속해서 솟아나는 두려움은 어떤 것이었을까? 어떤 일이 일어날지 모르는 가운데 술 취한 사람들의 집단 속으로 조용히 걸어 들어가는 룻을 보며 우리는 무엇을 상상할 수 있을까?

보아스가 밤중에 잠에서 깨서 보니 자기 발밑에 한 여인이 있었다. 어둠 속에서 룻은 자신을 밝히고 보아스가 가장 가까운 친척이므로 자신에게 그 옷자락을 펴주기를 간청했다. 옷자락으로 덮는 행동은 고대 근동 지방에서 널리 알려진 관습으로 보호한다는 상징이었다. 이것은 특히 결혼과 연관되어 있다. 만일 주위 사람들이 그 장면의 보았다면 룻에게 매춘부와 같은 부정한 모압 여인이라고 말했을 것이다.

룻은 아마도 시어머니를 위해 자신의 모든 것을 희생할 준비가 되었을 것이다. 그러나 룻은 어리석지 않았다. 룻은 아직까지 스스로 책임을 질 친족이라는 것을 인정치 못하는 보아스에게 용기 있게 "당신의 옷자락을 펴 당신의 여종을 덮으소서 이는 당신이 기업을 무를 자가 됨이니이다"(룻 3:9)라고 말했다. 다시 말하면 "난 성관계가 아니라 생명의 안전과 온전한 삶을 살아가기 위해서 당신의 보호를 받기 위해 왔습니다. 우리는 가장 가까운 친족이니까요."라고 말한 것이다.

룻은 자신의 미래가 어떻게 전개될지 모르지만 두렵고 떨리고 부끄러운 마음으로 보아스의 침실이라는 위기의 현실 속으로 뛰어든 것이다. 이제 룻의 위기는 룻이 해결할 문제가 아니라 대를 이을 친족 중 한 사람인 보아스가 해결해야 하는 문제로 바뀌었다. 보아스는 만일 가장 가까운 친족을 찾아 그 친족이 룻과 결혼하여 대를 이을 의무를 포기하면 자신이 룻과 결혼하여 그 의무를 이행할 것이라는 맹세를 했다. 이제 룻의 역할은 조용하고도 말없이 그리고 인내하는 마음으로 기다리는 것이었다.

새벽녘 보아스의 잠자리에 앉아 있던 룻의 모습은 어떠했을까? 그녀가 입은 옷은 결혼하는 신부의 옷과 같은 최고의 옷이었으며 그녀의 몸에는 여전히 코를 간질거리게 하는 향수가 배여 있었다. 그리고 그녀의 머릿결은 자고 일어나 어질러져 있었으니 누가 보기나 하면 소문이 급물살을 탈 것이 뻔한 일이었다. 이제 보아스에게 남은 일은 룻이 취한 어젯밤의 일을 비밀로 부치는 것이었고, 행여나 룻이 다른 사람들의 입에 오르내리지 않도록 종들을 불러 입단속 하는 일이었다. 그리고 동이 트기 전에 조용히 룻을 보내는 일이었다.

보아스와 함께하지 못하여 자손의 대를 이어갈 수 없었던 룻은 창피하고 수치스러운 생각에 얼굴을 들 수 없었을 것이다. 바로 그 순간 보아스는 룻을 빈손으로 돌려보내지 않는다. 그는 룻의 어깨에 "보리를 여섯 번 되어 주고" 집으로 돌아가게 한다. 이는 어림잡아 20kg의 보리를 선물로 준 것이다. 보아스의 특별한 관심과 배려가 담긴 보리는 룻과 나오미를 살인적인 가난과 궁핍으로부터 벗어나게 한 것이었다. 그러므로 텅 빈 상태로 보아스에게 보내졌다가 가득한 상태 곧 넘치는 곡물을 가지고 되돌아온 룻처럼, 룻의 삶이야말로 풍성하고도 충만한 삶의 상징이었던 것이다.

룻이 차린 구원의 밥상

이제 보아스는 서서히 룻을 받아들이기 시작하였고, 이 훌륭한 이방 여인을 위한 사랑이 싹텄으며, 그녀에 대한 책임을 느끼기 시작했다. 그토록 고생하면서 하루하루를 근근이 살아가던 룻에게 서서히 행운의 시간이 다가오기 시작한다. 그녀의 지혜와 용기 있는 행동은 나오미와 보아스까지도 용기를 내어 책임을 다하게 하는 새로운 방향으로 발전하기 시작한 것이다.

나오미는 죽은 남편 엘리멜렉의 땅을 팔고자 내놓았다. 왜냐하면 룻은 이방 사람이기에 죽은 남편의 재산을 상속할 수 없었기 때문이다. 당시 이스라엘에서는 토지를 팔 경우 가장 가까운 친척이 사게 되어 있었다.(렘 32:6-12) 이에 보아스는 지혜를 짜내어 자신이 해결해야 할 임박한 사건에 대해 증인으로 나설 사람을 10명 선정하여 누구든지 그 땅을 사는 사람은 죽은 사람의 대를 이어주기 위해 죽은 아들의 부인인 모압 여인 룻과 결혼해야 한다고 지적하였다. 그 결혼에서 태어난 첫 태생은 죽은 사람의 아들의 반열에 서게 되기에 법적으로는 생물학적 아버지의 아들이 아니었다. 아마 이런 이유 때문에 보아스보다 더 가까운 친척은 자신의 재산에 손해가 갈 것을 짐작하고서 자신의 권한을 포기했을 것이다. 그리하여 보아스는 10명의 증인인 장로들 앞에서 그 땅을 구입하고 죽은 자의 이름을 이어주기 위하여 룻을 아내로 취하게 된다.(룻 4:1-12)

룻에 대한 약속을 지켜주는 든든한 남편, 룻을 배려하고 아껴주며 책임을 지는 사랑, 이만한 사랑이 또 어디에 있을까? 그러나 보아스의 책임적이고도 따뜻한 사랑의 이야기가 본문의 가장 중요한 부분은 아니다. 오히려 당시의 장로들과 모든 사람은 보아스와 결혼하는 이방 여인 룻이야말로 이스라엘 집을 세운 사람이라며 룻을 축복하고 있다. 만약 여기서 우리가 자신을 버리고 희생한 룻에게 하나님의 축복이 임해온 축복 중의 축복의 여인이라는 사실에만 머물면 본문의 뜻을 축소시키는 게 될 것이다.

우리는 이방 여인으로서 자신에게 당면한 살인적인 궁핍, 인종차별적 냉소, 성적 차별에서 오는 반인간적인 장벽을 극복하면서 이스라엘의 축복 중의 축복의 여성으로 자리 매김하는 룻을 놓쳐서는 안 된다. 이러한 룻이야말로 이스라엘 사람들에게 새로운 교훈이요 도전이었던 것이다. 당시 이스라엘 사람들은 그들의 폭 좁은 민족주의적인 신앙의 형태를 벗어나 세상을 위한 하나님임을 고백하는 폭넓은 새로운 신앙의 장을 열게 된 것이다. 오늘날의 구속은 모압으로부터 오는 것이다. 이 마지막 4장이 에스라의 이방인 아내들의 탄핵 곧 이방 여인과 결혼한 사람은 이혼할 것을 강조한 에스라(스 10:10-12)와 같은 시기에 읽혀졌을 것을 상상해보라!

룻의 이야기는 기근과 궁핍으로 가난하고 가진 것이라고는 하나 없었던 그녀의 좌절과 절망의 이야기이다. 그러나 룻의 이야기는 이러한 모든 것 곧 경제적 궁핍, 성차별과 인종차별이라는 장애물들을 하나씩 둘씩 믿음으로 뛰어넘은 풍성한 삶의 이야기와 구원얻어 살아간 승리의 이야기이다. 더 나아가서 룻의 이야기는 온 인류를 구원하러 오신 예수 그리스도의 조상이 된 희망의 이야기임을 알 수 있다.(룻 4:13-22) 그러나 분명한 것은 이러한 엄청난 변화는 수많은 장벽을 뛰어넘기 위한 항거와 고투의 몸부림으로부터 온 것이기에 룻의 이야기가 오늘의 세계를 향해서도 강력한 도전이 되는 것이다.

이제 룻기의 저자는 강력하면서도 자기희생적인 룻을 사라지게 하면서 재혼한 남편 보아스와 시어머니 나오미의 이야기로 넘어간다. 우리는 모든 백성과 장로들이 화답하여 축복을 하고 있음에 주목한다.(룻 4:11) 담대함과 책임감과 과격함으로 가난한 시어머니 나오미와 함께 모험적인 새로운 삶을 살아온 룻은 라헬, 레아 등 이스라엘 집안의 아들 낳는 여성들의 반열에 올라섬으로써 이스라엘 역사 속에서 중요한 자리를 차지하게 되었다. 나오미의 아들들이 다 죽었으나 기적적으로 며느리 룻을 통해 오벳이라는 손자가 생겼고 오벳을 통해 엘리멜렉의 이름이 계승되었다. 룻과 보아스 사이에 난 아들에게 나오미가 아들을 낳았다는 뜻으로 오벳이라는 이름을 붙였으니 이는 룻의 사심없는 헌신과 보아스의 이타적인 사랑의 결과였다.

이제 나오미는 손자 오벳을 통해 땅을 되찾을 수 있었으며 나오미 역시 룻처럼 자신을 둘러싸고 있던 반생명적인 현실들이 하나 둘씩 극복되고 회복되어 이제는 생명이 충만하고 복된 삶을 살아갈 수 있게 되었다. 룻에게 아들을 주신 하나님의 사랑은 실로 급진적인 사랑이었다. 이러한 하나님의 급진적인 사랑을 통해 모압 여인 룻은 다윗의 조상이 된 것이다. 그의 아들 오벳은 이스라엘 사람들이 가장 칭송하는 다윗 왕의 할아버지였고 예수 그리스도의 조상이 되었으니 룻이야말로 인류를 위한 구원의 밥상을 풍성하게 차린 것이다. 이렇게 큰 축복이 어디 있겠는가? 여기에 마지막 강조점이 있다.

이방 여인 룻은 민족의 경계와 여성의 경계를 뛰어넘은 하나님의 구원의 역사의 동참자요 이스라엘 역사의 주체라는 사실을 일깨워주고 있다. 룻은 이제 더는 동정의 대상이나 배려의 대상이 아니다. 가장 가난하고 가장 약한 것이 가장 소중하고 가장 중요한 것이라는 역설의 진리처럼 우리로부터 사회·경제적으로, 성적으로, 문화적으로 그리고 인종적으로 배척되는 사람들은 우리에게 모두 소중한 사람들이다. 우리도 가난하고 비천하며, 보잘것없어 차별받고 역사에서 밀려나 있던 작디작은 룻의 경험을 하지 않았던가? 우리는 오늘 우리 사회에서 밀려나 있는 작디작은 난쟁이와 같은 사람들을 하나님의 구원과 해방의 역사에 모두 소중한 사람들로 끌어안아야 하며 그들을 섬겨야 한다. 바로 이것이 룻의 풍성한 밥상을 통해 찾아볼 수 있는 귀한 교훈인 것이다.

06

사르밧이란 이방 마을 어느 한 가난한 여인의 섬김의 밥상

사르밧이란 이방 마을 어느 가난한 여인의 섬김의 밥상,
그 여인의 섬김의 밥상은 예언자 엘리야는 물론
하나님까지도 깜짝 놀란 밥상임에 틀림없다.
그렇기에 야웨 하나님께서는 가뭄과 기근이 끝날 때까지
그 가정에 밀가루와 기름이 끊이지 아니 할 것을
엘리야의 입을 통하여 예언해주셨고
날마다 넘치도록 무한대의 복을 내려주셨다.

구약성서 열왕기상 17:8-12를 보면 이름도 제대로 없는 여인, 시돈 땅 사르밧 마을의 어느 배고픈 어머니를 만나게 된다. 그녀는 자신과 자신의 어린 아들을 위해 마지막 남은 한 움큼의 밀가루로 음식을 하기 위해 땔감으로 필요한 나무 조각이나 마른풀을 줍기 위하여 모습을 드러낸다. 3년 6개월 동안의 가뭄과 기근은 이스라엘은 물론 이웃 모든 나라의 구석구석에까지 몰려왔다. 가뭄과 기근 동안 근검절약하며 아껴먹던 밀가루가 바닥이 나기 시작하더니 이제 마지막 한 움큼의 밀가루만이 그녀가 가진 먹을거리의 전부가 되었다. 그런데 이게 웬

일인가? 굶주리고 지친 낯선 걸인 한 사람이 허기에 찬 목소리로 먹을 것을 달라고 요청한 것이다. 한 움큼의 밀가루와 기름 한 방울은 그 여인과 어린 자녀에게 마지막 남은 음식이었기에 그 어떤 것보다도 소중한 것이었고 마지막 생명을 이어줄 마지막 밥상이었던 것이다. 그런데 사르밧 여인은 굶주려 죽어가는 낯선 사람의 딱한 사정을 경청하였다. 결국 자신보다 더 절박한 그 사람을 위해 마지막 남은 음식을 정성껏 대접함으로써 그녀는 위대한 예언자를 살렸다.

바알이라는 풍요와 번영의 물신(物神)을 섬긴 아합 왕

열왕기상과 열왕기하는 바벨론 포로 전후기의 유다 역사와 이스라엘 왕국에 대한 이야기를 기록하고 있다. 솔로몬 당시에는 람세스 3세(1198-1167 BC) 이후 쇠퇴하기 시작한 이집트 세력이 크게 줄어들어 있었고, 아수르는 아직 보잘것없는 나라였으므로 이스라엘 주변에는 이렇다 할 강대국이 없었다. 그러나 점차 아수르가 세력을 확대하여 사르곤 왕 때인 기원전 722년에 북왕국 이스라엘을 정복하였고, 아슈르바니팔 왕 때에는 이집트에까지 그 세력을 확장하였다.

오므리 왕은 군대장관으로 있다가 정권을 잡은 자로서 군사적으로나 정치적으로 유능한 왕이었다. 오므리 왕은 유다를 매우 강력하고도 번영된 나라로 일으켜 세웠으며 나라를 확장한 통치자였다. 그러나 신앙적으로 볼 때, 그는 그 이전의 어떤 왕보다도 우상을 가까이하는 우상 숭배자였다. 오므리 왕은 아들 아합을 시돈의 공주와 정략결혼시켰다. 오므리가 죽은 후 왕이 된 아합은 아버지보다 한 걸음 더 나아가 시돈의 종교인 바알이라는 우상을 이스라엘 전역에 퍼뜨려 결국 야웨 신앙을 폐지하였고 바알 신앙이 온 이스라엘을 지배하도록 한 왕이었기에 성서기자는 그를 가장 악한 왕이었다고 보도하고 있다.

열왕기상 16장과 18장에 의하면 기원전 9세기 이스라엘의 왕으로 등극한 아합 왕은 밖으로는 아수르와 동맹을 맺어 연합전선을 펴서 카카와의 전쟁(853 BC)에서 대승을 거두어 영토를 넓혀 나갔으며 안으로는 경제적 발전을 도모하여 지방의 장로와 귀족들을 통솔할 만큼 중앙집권적인 통치를 할 수 있게 되었다고 한다. 이렇게 발전하는 배경에는 왕후 이세벨의 역할이 매우 중요했다.

이세벨은 아합을 부추겨 바알 종교를 장려하게 하였고 심지어 베니게에 있는 수백 명의 바알 사제와 선지자들을 이스라엘로 데리고 와서 풍요와 번영을 위한 종교, 바알과 아세라 종교를 펼쳐나갔다. 이세벨은 이스라엘의 왕후가 된 후 야웨 하나님의 선지자들을 다 죽이고, 사마리아에 바알의 사당을 건축하고, 온 이스라엘 백성들로 하여금 바알과 아세라 목상을 강압적으로 숭배하게 하였다.(왕상 16:29-33)

이세벨은 "사사로운 바알 예배에 만족하지 않고 그것을 이스라엘 왕국의 공적 예배의식 속에 포함"시켜나갔다. 그리하여 그들은 이방의 부도덕한 생활을 유행시켰다.(왕상 18:19) 그리고 사마리아에서 제단을 쌓고 아세라 신상을 세우기도 하였다.(왕상 16:31-33) 이때 은거 중에 있던 예언자 엘리야는 목숨을 걸고서 아합 왕 앞에 나타나 하나님에게로 돌아서지 않으면 수년 동안 비가 오지 않을 것임을 예언한다. 그러자 아합 왕은 엘리야를 잡아 죽이라는 명령을 내렸고 엘리야는 그릿 시내물이 있는 곳으로 피신하였다.(왕상 17:1-7) 그러나 그곳조차 물이 마르자 엘리야는 이방의 땅, 시돈의 사르밧이라는 마을로 피신하여 와서 사르밧 여인을 만나게 된 것이다. 엘리야는 사르밧 여인의 가정의 먹을거리를 해결하여 주었고 그녀의 병들어 죽은 아이를 하나님의 능력으로 살아나게 하였다. 후에 엘리야는 바알과 앗세라 선지자 850명과 결전을 하였고 그 싸움은 엘리야의 승리로 끝났다. 3년 반 동안의 길고도 긴 가뭄이 해결된 승리의 이야기가 열왕기상 18장에 잘 나타나 있다.

굶주린 예언자 엘리야를 섬긴 어느 여인

수년 내로 비가 오지 않을 것을 예언한 엘리야는 아합 왕과 이세벨 왕후의 눈을 피해 요단강 가까이에 있는 그릿 시냇가로 숨어 종적을 감추었다. 온 이스라엘 땅은 물론 주변국 전역에도 비가 내리지 아니하여 온 땅이 말라 갈라지고 터져서 농작물이 말라 죽었다. 이렇게 3년 반이라는 기간 동안 비 한 방울 오지 않는 최대의 가뭄으로 초원의 풀도 생기를 잃었고 가축들도 죽어가기 시작했다. 전무후무한 심각한 기근으로 인한 피해는 이루 말할 수 없었다.

이는 하나님의 사람 엘리야 예언자와 이스라엘을 통치하는 아합 왕과 그의 왕후 이세벨과의 싸움이 아니라 엘리야가 섬기는 야웨라는 이름을 가진 신과 비를 오게 하여 농사의 풍요를 가져오는 농사신인 바알과의 한판 겨룸이었다. 엘리야의 하나님은 이러한 불볕더위와 기근으로 모든 생명체가 죽어가고 있는 그 순간에 까마귀를 통해 엘리야에게 먹을 것을 보내셨다.

엘리야가 숨어 지내는 그릿이라는 마을에 시냇물이 마르기 시작하자 하나님은 그를 사르밧 마을로 옮기게 하였다. 엘리야가 사르밧 성문에 이르렀을 때 만난 한 여인, 그녀는 남편을 잃고 어린 아들과 함께 살아가는 가난한 여인이었다. 고대 중동지역의 상황에서 본다면 남편을 잃은 여인들의 삶이란 그 사회에서 걸인이 되어 지나가는 사람들을 향해 구걸하거나 추수하는 곳에 가서 남아 있는 이삭을 주워 입에 겨우 풀칠을 하며 살아갈 수밖에 없었다. 그것도 아니면 창기가 되어 생계를 이어갈 수밖에 없었다. 앞뒤 모르는 엘리야는 염치도 없이 그녀에게 다가가서 마지막 남은 한 움큼의 밀가루와 기름이라 하더라도 굶주린 자신을 위해 밥상을 차려달라고 간청했다. 사르밧 마을의 어머니, 그녀가 차린 밥상을 무엇으로 설명할 수 있을까?

엘리야가 허기진 몸으로 지나치다가 우연히 마주친 그 여인은 자신이 아끼고 아꼈던 마지막 남은 밀가루 한 움큼과 약간의 기름으로 어린 아들을 위한 빵을 만들어 먹고 그 다음엔 굶어죽을 결심을 하고 있었던 처절하고도 절박한 여인이었다.(왕상 17:8-12) 부요하고 풍부한 사람들에게 밀가루 한 움큼과 기름 한 방울은 아무것도 아니겠지만 3년이 넘는 긴 세월 동안 비가 내리지 않았던 가뭄과 기근 속에서 사르밧 여인이 가지고 있는 한 움큼의 밀가루와 기름 한 방울은 그들 삶의 전부였다. 그것은 그 어떤 것보다도 소중한 음식이었고 생명의 마지막 밥줄이었던 것이다.

며칠 동안 물 한 모금 빵 한 조각 입에 넣어보지 못한 엘리야는 그 여인의 심각한 상황을 알아차리지 못한 것일까? 우리 같으면 나 살자고 걸인같이 살아가는 그녀를 향해 감히 그런 말을 할 수 있을까? 만약 절박한 사람이 나에게 지금 간청한다면 우리는 사르밧 여인처럼 선뜻 모든 것을 내어놓을 수 있을까?

하나님의 사람으로 불리는 예언자는 그 사회에서 일어나는 사건과 그 사건 너머의 것을 볼 수 있는 사람이었고(seer), 역사에서 울려

퍼지는 소리를 듣고(hearer), 그것을 하나님의 눈으로 해석하는 사람(interpreter)이었다. 그러나 허기에 차 죽음 직전에 이른 엘리야는 사르밧의 여인에게 마지막 음식을 차려달라고 요청했다. 과연 엘리야는 예언자의 예리한 통찰력을 갖고 있었던 것인가?

그러나 사르밧 여인은 자신보다 더 심각한 위기에 처해 있는 엘리야의 죽음의 현실을 보고(see) 듣고(hear) 해석(interpret)하였고, 결국 그를 자신의 집으로 초청하여 정성껏 음식을 준비해서 섬기고 봉사했다. 사르밧 여인은 자신과 아들의 생명과 맞바꾼, 생명의 밥상을 차려 엘리야를 섬기고 봉사한 것이다. 우리는 사르밧 여인의 모습을 통하여 생명을 구원하시고 생명을 살리시고 생명을 돌보시는 하나님의 모습을 연상할 수 있다. 인간을 사랑하시는 하나님의 따뜻한 마음은 사르밧 여인과 같은 어머니의 가슴에서 발견할 수 있다. 어머니의 가슴은 히브리어로 '샤다임'인데 이는 산이라는 히브리어 '샤다이'와 발음이 비슷하다. 그래서 어떤 이들은 어머니의 사랑의 가슴에서 하나님의 사랑을 발견할 수 있다고 주장하기도 한다.

사르밧 여인, 하나님의 가슴을 지닌 그녀는 스스로도 죽음 앞에 서 있는 절박한 현실이지만 자신보다 더 어렵고 더 고통받고 있는 낯선 이웃을 향해 한 움큼의 밀가루와 기름을 내어놓았다. 이웃의 아픔을 위해 자신의 생명을 내어놓은 거룩한 섬김의 행동을 통해서 하나님의 사람 엘리야의 눈을 뜨게 한 것이다. 엘리야는 그 여인의 거룩한 손길을 통해서 이세벨의 고향, 바알 신을 섬기고 숭배하던 그 땅에서 바알 신은 무능한 신임을 깨닫게 된다. 오히려 엘리야 예언자는 바알 신을 숭배하는 그 땅의 한 여인으로부터 생명을 맞바꾼 음식을 대접받음으로써 하나님은 이방 땅인 그곳에서도 역사하심을 깨달았다.

야웨 하나님은 이름 없는 그 여인을 통해서 넉넉하고 풍성한 기적의 밥상을 차려 놓으시고, 생명을 살리시고 생명을 더욱 풍성하게 하시는 하나님 자신을 엘리야와 그 여인에게 보여주신 것이다.

하나님이 차려주신 구원의 밥상

사르밧 여인, 그 어머니의 섬김의 밥상은 엘리야는 물론 하나님까지 깜짝 놀란 밥상임에 틀림이 없다. 야웨 하나님께서는 가뭄과 기근이 끝날 때까지 그 가정에 밀가루와 기름이 끊이지 아니할 것을 엘리야의 입을 통하여 예언해주셨고 날마다 넘치도록 무한대의 축복을 내려주셨다.(왕상 17:14-16) 가뭄이 끝날 때까지 밀가루와 기름이 끊어지지 아니한 기적은 얼마나 큰 기쁨이었을까?

그러나 그러한 기쁨이 채 가시기도 전에 청천벽력같은 엄청난 사건이 일어났다. 상상도 못할 기적이 일어난 지 이틀만에 그녀의 아들이 심한 병에 걸려 결국 숨이 끊어지고만 것이다. 어머니는 행여나 엘리야의 야웨 하나님이 하신 것인지 비통한 마음으로 항의를 한다. “하나님의 사람이여 당신이 나와 더불어 무슨 상관이 있기로 내 죄를 생각나게 하고 또 내 아들을 죽게 하려고 내게 오셨나이까?”(왕상 17:18) 일말의 책임을 느낀 엘리야는 즉시 그 아들을 안고 자신이 거처하는 다락방에 올라가 야웨 하나님, 생명의 하나님을 향하여 “내 하나님 여호와여 주께서 또 내가 우거하는 집 과부에게 재앙을 내리사 그 아들이 죽게 하셨나이까”(왕상 17:20)라고 부르짖는다. 하나님께서는 엘리야의 울부짖는 기도를 들으시고 사르밧 여인의 아들의 생명을 살려내신다. 그리하여 사르밧 여인에게도 엘리야에게도 계산할 수 없는 큰 기쁨을 선물로 주셨다. 그러므로 한 움큼의 밀가루와 기름으로 차린 섬김의 밥상으로 두고두고 온전하고도 풍성한 생명과 함께 건강의 축복까지 받음은 물론 하나님의 말씀에 대한 깨달음과 깊은 확신을 갖게 함을 알 수 있다. "내가 이제야 당신은 하나님의 사람이시요 당신의 입에 있는 여호와의 말씀이 진실한 줄 아노라."(왕상 17:24) 히브리서 기자도 사르밧 여인이 받은 은혜가 믿음에 의한 것임을 증언한다.(히 11:35)

굶주린 예언자를 위해 차려놓은 사르밧 여인의 섬김의 밥상을 엘리야 혼자 헐레벌떡 먹은 것은 결코 아니다. 하나님께서 엘리야와 함께 친히 감사의 눈물로 그 밥상을 맛보시지 않았을까? 그렇기에 하나님께서는 이제 친히 팔을 걷어붙이고서 가뭄이 끝날 때까지 그녀의 집에 밀가루와 기름을 풍부하게 하셨다. 그 후 하나님은 엘리야를 통해 바알과 앗세라와 같은 소비주의의 종교와 탐욕과 번영을 숭상하는 물신 종교에 맞서 싸워 승리를 하신다. 그리하여 그곳이 어디든 모든 생명 공동체가 하나님 안에서 풍성한 삶을 살아갈 수 있도록 인도하시며 승리하게 하시는 것이다.

그곳이 이스라엘이든 이방 땅 시돈이든, 거대한 도시이든 아니면 볼품없고 가나한 농촌 마을이든, 빈곤의 양극화로 고통과 절규가 있는 분단된 오늘의 남녘땅이든, 가난과 기근으로 신음하는 북녘땅이든 하나님은 모두가 풍성한 생명을 누릴 수 있기를 간절히 원하신다. 그리고 그곳이 잘 사는 북반구의 세계이든, 찢어질 듯 가난한 남반구의 세계이든 하나님의 손길이 스며 있는 풍성한 밥상이 넘치기를 바라시며 또한 함께 나누면서 살아가도록 간절히 바라고 계신다.

오늘의 세상에서 요청되는 섬김의 밥상

오늘의 세계는 경제세계화를 통해 경제적으로 더욱 풍부해지고 사회적·문화적으로 보다 나은 사회와 국가가 되기 위해서 목숨을 걸고 경쟁하고 있으며 나아가서 온 세계가 더 나은 세계로 발전하여 평화로운 지구촌 세계가 되게 하기 위하여 최선의 노력을 기울이고 있다. 그러나 이러한 경제세계화 이면에는 어두운 그림자가 길게 드리워져 있다. 그것은 전쟁과 내전, 난민, 일자리 축소와 살인적인 빈곤과 부채, 자연생태계의 파괴와 그에 따른 재난 그리고 에이즈와 같은 질병들로서 이로 인해 지구촌 세계는 인간의 생명이 부서지고 심지어 자연과 세상까지도 생명이 짓눌려 신음하는 세상으로 달려가고 있다. 이것이야말로 경제세계화의 이면에 있는 반생명적이고도 반평화적인 생명 죽임의 현실이 아닌가? 그렇다면 우리 이웃들은 어디에 있으며 어떠한 모습을 하고 있는 것일까? 우리는 지구촌 곳곳에서 나타나는 빈곤의 현장들에서 신음하며 고통당하는 우리의 이웃들을 쉽게 찾아볼 수 있다.

이케다 가요코는 65억(그러나 2011년 10월 31일로 70억이 넘음)이 넘는 세계의 인구를 100명이 사는 마을로 축소하여 『세계가 만일 100명의 마을이라면』이라는 책을 출판하였다. 그는 "마을에 사는 사람들 100명 중 50명은 영양부족, 20명은 영양실조이며, 그중 한 명은 굶어죽기 직전인데 15명은 비만입니다."라면서 현재 우리의 이웃들을 알기 쉽게 설명한다. 또한 "미국의 성인이 100명이라고 하면 60명은 비만입니다. 그들 중 14명은 초비만입니다."라고 분석하면서 미국에서 비만 때문에 죽는 사람이 두 번째로 많다고 주장한다. 계속해서 그는 "이 마을의 모든 부(富) 중 6명이 59%를 가졌고 그들은 모두 미국 사람입니다. 74명이 39%를, 20명이 겨우 2%만 나눠가졌습니다." 그리고 "이 마을의 모든 에너지 중 20명이 80%를 사용하고 있고 80명이 20%를 나누어 쓰고 있습니다."라고 말하면서 오늘의 양극화된 세계를 보여준다. 그는 이 책을 통해 우리에게 지구촌의 세상을 위해 무엇인가 나눔을 실천해 지구촌 세계를 생명이 넘치고 평화를 누릴 수 있는 세계로 만들어 나아가야 한다는 무언(無言)의 메시지를 던지고 있다.

70억이 넘는 이 지구촌에는 하루에 1달러 미만으로 살아가고 있는 극단적 빈곤층 즉 살인적인 빈곤층이 10억에 이르며 빈곤층은 15억에 이르러 전 세계 인구의 40% 이상이 빈곤 상태이며 70억 인구 중 2/3가 대체로 가난하게 살아가는 것이다. 가난으로 매년 지구촌의 800만 명 이상이 사망하고 있다. 이렇게 살인적인 빈곤 속에서 살아가는 사람들의 95%가 동아시아, 남아시아 그리고 사하라 사막 이남 아프리카 지역에 분포되어 있으며 아프리카 지역에서는 살인적인 빈곤이 증가하는 추세이다. 이러한 빈곤은 그들의 나태함 때문이 아니라 전쟁과 내전, 유럽과 미국의 식민주의와 폭압적인 군부의 독재정치, 과다한 부채로 인하여 경제발전의 기회를 잃어버린 것, 기후변화와 질병, 경제세계화 때문에 도래했다.

그러면 여기서 지구촌 구석구석에서 신음하며 고통당하는 우리의 이웃들을 구체적으로 살펴보자. 이들은 모두 다 굶주리고 허기에 찬 배를 움켜쥐고 우리에게 다가오고 있다. 생활고에 시달려 굶주리고 있는 사람들의 이야기는 아시아 대부분의 나라가 당면하고 있는 현실이다. 우리는 여기서 두 명의 필리핀 여성들의 기구한 삶을 통해서 먹을

거리가 얼마나 그들의 삶을 부수고 있는가에 귀를 기울여보아야 할 것이다.

민도르섬 북단, 프에로트 갈레라 항구에 위치한 사방 비치에 살고 있는 마리리따(22)는 많은 남자들과의 관계 속에서 삶을 꾸려간다. 집에는 병든 어머니와 무능한 두 명의 오빠 그리고 7살짜리 딸이 있다. 그들의 생계는 이 여인의 손에 달려 있다고 해도 과언이 아니다. 그녀는 딸아이의 아빠가 누구인지도 모른다. 그녀는 미국 남자와 일본 남자의 현지처이다. 미국인 남편은 여름에 다녀가고 일본인 남편은 겨울에 온다. 남편들이 자기 나라로 돌아갈 때는 클럽에서 댄서로 일한다. 누가 이 여인에게 돌을 던져야 한다고 이야기할 수 있는가?

어디 그뿐인가? 극심한 가난으로 온 가족의 생존의 위협을 느낀 한 필리핀 여성이 가족을 살리기 위하여 한국 남성과 결혼하여 한국으로 온 사례가 있다. 그러나 한국에서 맞이한 그녀의 삶은 이중, 삼중의 어려움에 봉착했다.

서산시 대산읍 화곡 1리에 사는 필리핀 출신의 산토스 멘도사(42)는 1995년에 국제결혼을 하여 지금의 남편 김 모 씨(58)와 함께 16년간의 결혼생활을 하였다. 그녀는 코리안 드림을 꿈꾸며 한국에 발을 내딛었으나 결혼생활 동안 남편에게 한 번도 따뜻한 말을 들어본 적이 없었다. 남편의 주사와 폭력에 시달리며 살아야 했던 지난날, 또 시어머니에게 눌려 제대로 말도 해보지 못한 채 살아오고 있는 그녀는 필리핀에 있는 부모와 형제들 생각에 눈물을 흘리면서도 고향에 돌아가지 못한 채 살고 있다. 왜냐하면 그녀에게는 어린 두 딸이 있기 때문이다. 그녀는 한국 사람도 필리핀 사람도 아닌 채로 한국 땅에서 자신을 버리고 살아간다.

먹을거리를 구하기 위하여 자신의 딸조차 팔아버리는 반신앙적이고도 반인륜적인 일이 세계 도처에서 자행되고 있다. 우리의 동족인 북한에서도 먹을거리가 없는 살인적인 빈곤으로 가족을 살리기 위해 중국으로 팔려가는 여성들이 점점 늘고 있다고 한다. 중국 동북지역에는 약 3만여 명의 북한여성들이 사는데 그중에는 무작정 탈북을 감행해 넘어온 사람들도 있고 갓 고등학교를 졸업했거나, 스무 살 초반의 어린 여성들도 있다. 남한보다 가족애가 끈끈한 북한에서 어린 소녀들이 굶주리는 가족을 살리고자 적은 돈에 팔려 중국 시골마을로 시집가거나 인신매매단에 끌려 유흥업소에서 일하고 있는 것이다.

2008년 조선일보가 제작한 탈북자 특집 다큐멘터리 <천국의 국경을 넘다>에 의하면 살인적인 빈곤으로 인해 북한의 여성들이 중국으로 3,000-7,000 위안에 팔려나가고 있다고 한다. 이를 남한의 돈으로 환산하면 60-140만 원 정도이다. 사람의 몸을 사고파는 일이 두만강변에서 일어난다고 하니 우리의 가슴이 더욱 찢어진다. 중국 돈 3,000 위안은 북한 주민 월 소득의 20배에 해당하는 돈이라고 한다. 이것이 남한에서는 대수롭지 않을지 모르나 북한에서는 말로 다 할 수 없는 엄청난 돈이다. 집에서 빚진 곡식 200-300kg 때문에 가족을 위해 자신의 몸을 팔아버린 여성도 있다. 중국 브로커가 350위안 곧 7만 원에 여성을 다시 팔아버리는 반생명적인 일들이 우리의 가장 가까운 이웃이요 동포인 북한에서 일어나고 있는 것이다.

오늘날 아프리카에서는 살인적인 빈곤으로 자신의 딸을 팔아 자신과 다른 자녀들의 먹을거리를 장만하는 불의한 일들도 자행되고 있다. 여성의 권리 향상을 추구하는 사이트 '트러스트 로'(Trust Law)는 2005년 11월 4일, 성년이 되기 전에 결혼해야 하는 상황에 놓인 여성에 관한 특별 보고서를 발간했다. '트러스트 로'는 이렇게 팔려가는 여성들을 '가뭄 신부'라고 표현한다. 이 보도에 의하면 최근 하바스와인에서는 어린 딸을 신부로 파는 일이 늘어나고 있는데 이는 '아프리카의 뿔'(아프리카 대륙 동쪽으로 뿔처럼 튀어나온 소말리아, 에티오피아, 에리트레아, 케냐 등)을 덮친 극심한 가뭄 때문이다. 가뭄 때문에 기근이 발생하자, 생존의 위기에 내몰린 사람들이 딸을 내다파는 일이 많아진 것이다. 이 지역의 한 족장은 '열네 살짜리 딸을 학교에서 데리고 나와 남자(나이든 남자라도)에게 팔' 예정인 한 어머니에 관해 이야기하며, '다른 아이들에게 줄 먹을거리를 마련하기 위해' 딸을 파는 것이라고 말했다. 이어 '아이가 10명인 가정도 여럿 있는데, 그 아이들을 다 먹이는 건 정말 힘든 일'이라고 덧붙였다. 지역 사람들에 따르면, 요즘 소녀들은 1만 5,000케냐실링(약 168달러)에 팔리고 있다고 한다.

그러면 중미의 아이티는 어떨까? 필립 미셸은 아이티의 아티보나이트 계곡에 있는 정미소에서 일하고 있다. 그 정미소는 가난한 농부들이 쌀을 시장에 내다팔기 전에 쌀을 가공하는 곳이다. 하지만 수도인 포르토프랭스에 있는 시장이 값싼 수입쌀을 들여오기로 결정하자, 구매자들은 아이티의 쌀을 구입하기 위해 아티보나이트까지 가야 하는 번거로움을 겪지 않게 되었다. 수십 년간 쌀은 수만 명의 아티보나이트 가정에 생계 수단과 수입을 제공해주었다. 그런데 이제 그 계곡에 있는 농부들은 토지를 팔고 포르트프랭스의 판자촌이나 일자리를 찾아 도미니카공화국으로 떠나거나 미국에 불법으로 입국하기 위해 목숨을 걸고 있다. 필립은 그런 방식으로 한 명의 친구와 사촌을 잃었다.

왜 아티보나이트의 운명에 변화가 일어났는가? 물론 무역 규정들 때문이다. 몇 대에 걸친 아이티 정부는 수입품에 대한 규제를 없애야만 했다. 규제를 없애자 값싼 미국산 수입쌀이 물밀듯 밀려오는 상황이 벌어졌다. 미국 정부는 경작 가능한 (자국의) 농부들에게 해마다 50억 달러에 가까운 보조금을 지급하고 있다. 아이티 농부들은 그들과 경쟁할 수가 없게 되어 버렸다. 아이티 농부들의 보조금은 세계무역기구가 상한선을 정해놓았기 때문이다. 아이티의 농부인 페놀 레온은 "우리가 값싼 수입쌀로부터 보호받지 못한다면 우리에게는 미래가 없다고 생각한다. 우리 모두는 수입쌀에 휩쓸리고 말 것이다."라고 말한다. 세계개발운동의 캠페인 책임자인 비버리 덕워스(Beverly Duckworth)는 '국제적인 무역 규정들은 나라들이 식품 안전성을 촉진하고, 가난한 농부들을 불공정한 보조금을 받는 수입식품으로부터 보호할 수 있도록 허용해야만 한다.'고 주장하고 있다.

오늘도 예수 그리스도는 이러한 사람들의 모습으로 우리에게 다가와서 물 한 모금을 바라시고 밥 한 그릇을 부탁하신다. 강도를 만나 '나를 도와주시오.'라고 절규하는 사람과 함께하시는 예수 그리스도께서 오늘도 우리를 향해 마치 엘리야처럼 굶주려 허기진 몸으로 간신히 입을 열어, "청컨대 네 손에서 떡 한 조각을 내게로 가져오라"고 말씀하시는 것은 아닐까? 하나님이 바라시는 세상을 이루어가기 위해서 오늘 가장 필요한 것은 자신의 것을 아낌없이 내어놓고 신음하는 이웃과 나누는 사르밧 어머니의 섬김의 손길 곧 섬김의 밥상인 것이다.

07

예언자 다니엘, 불의한 제국과 타협하지 않은 거룩한 밥상

다니엘의 밥상은 제국의 왕이 차려놓은 산해진미의 밥상!
그는 불의한 제국과 타협하지 않고
그 밥상을 거부함으로써 스스로를 더럽히지 않은
정의롭고도 거룩한 밥상을 선택하였다.

구약성서 다니엘서에 나타난 밥상을 이해하기 전, 먼저 알아야 하는 것은 다니엘서의 역사적 배경일 것이다. 무엇보다도 다니엘서는 두 가지 역사적 사실을 동시에 생각하면서 입체적으로 이해해야 한다. 첫째, 다니엘이나 그의 세 친구들은 유다가 멸망한 후인 기원전 586년 이후에 바벨론으로 잡혀 갔으나 무수한 역경과 시련 속에서도 끝까지 믿음을 지켜 결국에는 승리의 삶을 살아간 역사적 사실을 토대로 하고 있다는 점이다. 본문이 기록된 당시의 역사적 배경에 관해서는 학자들 사이에 이론(異論)이 있지만 대개의 경우 말씀을 듣는 일차적 독자들은 기원전 165년경, 시리아 왕이었던 안티오코스 에피파네스의 식민통치 속에서 신음하며 절규하고 있는 유다 사람들이라고 한다. 그러므로 유다가 바벨론의 속국으로 있을 때에 식민정책의 폭압 속에서 문화적으로 바벨론에 동화되지 않고 신앙을 지켜나가 승리한 420여 년 전의 다니엘의 이야기를 기원전 165년경 시리아의 식민통치를 받고 있는 유대인들에게 들려주고자 한 것이다.

마치 1910년 한일병합 이후 우리나라가 일본제국주의의 폭압적인 식민정책으로 사회·경제·정치·문화에 이르기까지 모든 것을 송두리째 다 빼앗기고서 노예적인 삶을 살아나갈 때 한국교회가 3,000여 년 전의 모세 이야기를 통해 출애굽의 해방 이야기를 들려준 것과 흡사하다. 심지어 일본제국주의가 출애굽기를 읽지 못하도록 성서에 먹물을 칠하였어도 자라나는 어린이들로부터 노인에 이르기까지 해방자 모세의 이야기를 입으로 전해나갔던 것과 같은 것이다.

시리아 왕 안티오코스 에피파네스

먼저 시리아 제국의 왕인 안티오코스 에피파네스에 대해서 알아보자. 그는 시리아 왕들 가운데 가장 위대한 정복자인 안티오코스 3세(242-187 BC)의 셋째 아들로서 그의 형 셀류쿠스 4세 필로파토로(187-175 BC)의 뒤를 이어 셀류쿠스 왕조 제8대 왕으로 즉위했다. 에피파네스는 왕이 되기 전에 14년 동안 로마에 인질로 잡혀 있었다. 그 이유는 그의 부친 안티오코스 3세가 기원전 190년 카르타고의 장군인 한니발과 연합하여 로마와 벌인 서머나 전투에서 크게 패한 후에 그를 볼모로 내주었기 때문이다. 그런데 에피파네스는 로마에서 14년 동안 살면서 헬라문화에 깊이 심취했던 것으로 보인다. 때문에 그는 왕이 된 후에 정치·경제적으로 매우 불안한 상황을 바로잡고 정치적 파벌 싸움을 잠재우기 위하여 강력한 헬라화 정책을 추진하였다. 그리고 나아가서 올림피아의 제우스 신상의 모습을 따서 자신의 우상을 만들고 백성들로 하여금 숭배하게 했다. 에피파네스란 이름은 '명백히 나타난 신'이라는 의미의 헬라어 '데오스 에피파네스'에서 따온 것으로 자신을 신격화하기 위한 것이었다. 그러나 사람들은 그에게 에퓨마네스라는 별명을 붙여 주었는데 그것은 '미친놈' 또는 '정신병자'라는 뜻이기도 하다.

에피파네스가 예루살렘의 성전을 모독하게 된 근본 원인은 그의 헬라화 정책에 있었다. 에피파네스는 왕위에 즉위하자마자 시리아 왕국은 물론 유다 지역까지도 장악하여 강력한 헬라화 정책을 추진했다. 그는 이집트의 프톨레미 왕조와 가까운 유다의 대제사장 오니아스(Onias) 3세를 몰아내고 자신의 헬라화 정책을 적극 지지하는 야손(Jason)을 대사장직에 앉혔다. 그러다가 다시 유대인의 종교적 결속을 와해시키기 위하여 야손을 몰아내고 제사장 아론의 혈통도 아닌 베냐민 지파 사람인 메넬라우스(Menelaus)를 대제사장으로 세웠다.

유다에 대한 에피파네스의 헬라화 정책의 가장 중요한 첫째 목표는 유대교를 말살하고 헬라 종교를 그 지역에 심는 것이었다. 이에 에피파네스는 2만 2,000명의 군대를 파견하고 안식일에는 유대인들이 싸우지 않는 것을 이용해 안식일에 예루살렘을 공격하였던 것이다. 이로 인해 시리아 왕은 예루살렘을 마음껏 약탈하고 불태웠으며 수많은 사람들을 죽이고 많은 여성과 아이들을 노예로 잡아갔다. 또 그는 유대인들의 종교적 전통을 독단적으로 폐지하고 헬라화하도록 했는데, 이는 유대인들의 감정과 종교적 신앙을 자극하는 것이 되고 말았다. 그것은 마카베오 혁명이라는 유대 독립전쟁의 도화선에 불을 붙여버린 꼴이 되었고 결국 시리아는 로마에 의해 멸망당했다.

마카베오서에 나타난 시리아의 식민정책

우리가 외경으로 읽는 구약과 신약 사이에 나오는 마카베오서를 보면 다니엘의 이야기를 들려주던 기원전 3세기-기원전 2세기의 배경을 잘 알 수 있다. 시리아는 유다를 침공하여 유다 사람을 시리아화해서 문화를 말살하려 하였다. 그들은 유다 사람들을 시리아화하기 위해서는 유다의 관습과 문화와 종교까지 말살하지 않으면 불가능하다고 생각하였던 것이다. 그리하여 기원전 167년에는 유대인들이 조상 대대로 지켜오던 율법 준수를 금하기에 이르렀다. 즉 안식일 준수, 절기에 행하는 축제, 번제 제사, 어린아이의 할례 등을 금지시켰다.

또한 에피파네스는 율법서를 모두 불태우며 성전 제단에서 부정한 제물로 우상을 숭배하게 하고 유대인들에게 돼지고기를 먹도록 강요했다. 그리고 이 가운데 어느 하나라도 어기는 자는 사형에 처하도록 했다. 식민통치의 폭압적인 행위가 절정에 이른 것은 기원전 167년 12월 16일 성전에 제우스 신상이 세워지고 번제단 위에 돼지고기 제물이 바쳐진 일이다. 그리고 이와 같은 제사를 매월 25일에 지내게 했는데, 이날은 에피파네스의 생일이었다. 유대인들로 하여금 자신을 위해 제우스 신상 앞에서 제사를 드리게 한 셈이다. 그러나 이것은 그의 크나큰 실책이었다. 시리아의 왕, 에피파네스는 유대인들의 종교성을 전혀 이해하지 못했다. 그래서 그는 자신의 얼굴 모습을 한 동상을 만들어서 절하게 하였는가 하면, 유대인들이 율법에 금한 음식들을 먹도록 강요하기도 했다. 뿐만 아니라 시리아 사람들의 의상이나 생활관습까지 모조리 따라하게 했다. 이러한 정책에 따르는 것이 성공하는 길이요 최고의 삶이라 생각하는 사람들이 점차 많아지기 시작했다.

여기에 반해서 소수의 사람들이지만 자신들의 문화와 율법 그리고 자신들의 종교를 지켜나가야 한다는 것을 가르치며 국민들을 계몽하는 사람들도 있었다. 이러한 소수의 사람들은 시리아로부터 많은 박해와 고난을 받게 되었으며, 민족의 장래를 생각하며 염려하는 사람들마저도 제대로 살 수 없을 정도의 숨 막히는 순간들이 이어졌다.

이러한 시대적 배경 속에서 신앙의 조상인 다니엘과 그의 세 친구들에 관련된 역사적 사실을 상기시켜 주는 것이 다니엘서이다. 즉 하나님께서는 어떠한 고난의 순간이라 하더라도 자신을 의지하고 사모하는 신앙의 사람들에게 능히 이겨나갈 수 있는 길을 주신다는 것을 밝히고 있는 것이다. 그리고 종국에 가서는 하나님의 손길이 불의한 모든 세력에게 심판을 가하여 최후의 승리를 가져다줄 것임을 전해주는 것이 다니엘서이다. 이러한 역사적 사건들을 잘 보여주는 것이 마카베오서이다. 특히 마카베오상 1장은 당시의 역사·종교·문화적 상황을 구체적으로 증언하고 있다. 마카베오상 1:20-28을 읽어보면 당시의 상황을 상세하게 알 수 있을 것이다.

> 백사십삼 년에 이집트를 쳐부순 안티오쿠스는 돌아오는 길에 대군을 이끌고 이스라엘로 가서 예루살렘으로 쳐들어갔다. 그는 무엄하게도 성전 깊숙이 들어가서 금제단, 등경과 그 모든 부속물, 제사 상, 술잔, 그릇, 금향로, 휘장, 관 등을 약탈하고 성전 정면에 씌웠던 금장식을 벗겨 가져갔다. 또 금, 은은 물론 값비싼 기물들을 빼앗고 감추어두었던 보물들을 찾아내는 대로 모두 약탈하였다. 그는 이 모든 것을 차지하고 많은 사람을 죽인 다음, 오만 불손한 욕설을 남기고 자기 나라

로 돌아갔다. 이스라엘 방방곡곡에는 큰 슬픔이 넘쳐, 지도자와 원로들이 탄식을 하고 처녀 총각들은 기운을 잃었으며, 여인들의 아름다움은 간 곳이 없었다. 신랑들은 슬픔에 잠기고 신부는 신방에 앉아서 탄식만 하였다. 온 땅은 주민들의 슬픔으로 초상집같이 되었고 야곱의 집은 온통 수치로 뒤덮였다.

이어서 마카베오상 1:29-35에는 이런 설명이 기록되어 있다.

그로부터 이 년 후, 안티오쿠스 왕은 유다의 여러 도시에 조공 징수관을 파견하였다. 그 사람은 대군을 이끌고 예루살렘으로 가서 거짓 평화 선전을 하여 그들을 안심시켰다. 그리고는 별안간 그 도시를 습격하여 큰 타격을 주고 이스라엘 백성을 무수히 죽였다. 그는 그 도시를 약탈한 다음, 불을 지르고 가옥들과 사면의 성벽을 파괴하고 아녀자들을 포로로 삼고 가축을 빼앗았다. 그리고 그의 군졸들은 강한 성벽을 높이 쌓고 튼튼한 망대를 세워서 다윗의 도시를 재건하여 자기네들의 요새로 삼았다. 그리고 죄 많은 이방인들과 유다인 반역자들을 그 요새에 배치하여 기반을 굳혔다. 또 무기와 식량을 저장하고 예루살렘에서 거둔 전리품을 그 곳에 쌓아두었다. 이렇게 하여 예루살렘은 크게 위협을 주는 성이 되었다.

그 후 에피파네스는 온 왕국에 영을 내려 모든 사람은 자기 관습을 버리고 한 국민이 되어야 한다고 했다. 이방인들은 모두 왕의 명령에 순종했고 많은 이스라엘 사람들도 왕의 종교를 받아들여 안식일을 더럽히고 우상에게 제물을 바쳤다. 왕은 또 사신들을 예루살렘과 유다의 여러 도시에 보내어 다음과 같은 칙령을 내렸다.

유다인들은 이교도들의 관습을 따를 것. 성소 안에서 번제를 드리거나 희생제물을 드리거나, 술을 봉헌하는 따위의 예식을 하지 말 것. 안식일과 기타 축제일을 지키지 말 것. 성소와 성직자들을 모독할 것. 이교의 제단과 성전과 신당을 세울 것. 돼지와 부정한 동물들을 희생 제물로 잡아 바칠 것. 사내아이들에게 할례를 주지 말 것. 온갖 종류의 음란과 모독의 행위로 스스로를 더럽힐 것. 이렇게 하여 율법을 저버리고 모든 규칙을 바꿀 것. 이 명령을 따르지 않는 자는 사형에 처한다.

에피파네스는 그의 온 왕국에 이와 같은 명령을 내리고 국민을 감시할 감독관들을 임명하고 유다의 여러 도시에 명령을 내려서 각 도시마다 희생제물을 바치게 했다. 많은 유대인들이 율법을 버리고 그들에게 가담하여 방방곡곡에서 나쁜 짓을 마구 저질렀다. 그 밖의 이스라엘 사람들은 숨을 곳을 찾아 피난을 갈 수밖에 없었다.(마카베오상 1:41-53) 또 마카베오상 1:54-64는 당시의 상황을 다음과 같이 전한다.

백사십오 년 기슬레우월 십오 일에 안티오쿠스 왕은 번제 제단 위에 가증스러운 파멸의 우상을 세웠다. 그러자 사람들은 유다의 근방 여러 도시에 이교 제단을 세우고 집 대문 앞에나 거리에서 향을 피웠다. 율법서는 발견되는 대로 찢어 불살라 버렸다. 율법서를 가지고 있다가 들키거나 율법을 지키거나 하는 사람이면 누구든지 왕명에 의해서 사형을 당하였다. 그들은 여러 도시에서 권력을 휘두르며 왕명을 위반한 이스라엘 사람들을 매달 잡아들여 모질게 학대하였다. 매달 이십오일에는 옛 제단 위에 새로 세운 제단에 희생 제물을 바쳤다. 자기 아이들에게 할례를 받게 한 여자들은 법령에 따라서 사형에 처하고 그 젖먹이들도 목을 매달아 죽였다. 그뿐 아니라 그들의 가족과 그 아이들에게 할례를 베푼 사람까지 모두 죽였다. 그러나 이에 꺾이지 않고 부정한 것을 먹지 않기로 굳게 결심한 이스라엘 사람들도 많았다. 그들은 부정한 음식을 먹어서 몸을 더럽히거나 거룩한 계약을 모독하느니 차라리 죽음을 달게 받기로 결심하였고, 사실 그들은 그렇게 죽어갔다. 크고 무서운 하느님의 진노가 이스라엘 위에 내린 것이다.

시리아 왕 안티오코스 에피파네스는 유다를 멸망시킨 후 셀 수 없을 만큼 수많은 여자와 아이들을 노예로 잡아갔다. 심지어 그는 유대 사람들이 먹지 못하는 돼지고기를 먹게 하거나 율법과 성전예배를 금지함은 물론 안식일과 기타 축제일을 지키지 말도록 준엄한 명령을 내리기도 했다. 또한 에피파네스는 시리아의 식민통치에 항거하거나 자국의 이익에 반하는 사람은 사형에 처할 정도로 혹독했다.

다니엘의 거룩한 밥상

폭압적인 시리아 제국의 식민통치 기간에 다니엘서의 저자는 바벨론으로 끌려간 유다의 젊은 청년들인 다니엘과 그의 세 친구 하나냐(사드락)와 미사엘(메삭)과 아사랴(아벳느고)가 불의한 왕의 밥상을 거절한 이야기를 전한다. 유다가 멸망당하고 바벨론에 포로로 잡혀갔을 때 당시의 바벨론 왕인 느부갓네살은 유대의 율법에서 금한 돼지고기나 이방 신에게 제물로 바쳐진 고기와 음식을 그들에게 먹게 했다. 그리하여 다니엘과 그의 세 친구들의 민족정신과 신앙을 송두리째 뽑아 버릴 계획이었다. 그러나 그들은 고기를 거부하고 채소를 먹음으로써 자신들의 신앙을 깨끗하게 보전했다. 다니엘과 그의 세 친구들은 어쩔 수 없는 상황 가운데서 있는 지혜를 다 짜내어 위기를 모면했다. 그들은 열흘 동안 채소를 먹고도 고기를 먹은 사람들보다 몸이 더욱 건강하다면 계속 채소를 먹게 해달라고 요구했다. 다니엘 1:15는 열흘 후에 그들의 얼굴이 더욱 아름답고 살이 윤택하여 왕의 진미를 먹었던 모든 소년보다 더 나아 보였다고 증언하고 있다.

기원전 7세기 또는 6세기 느부갓네살 당시는 말할 것도 없고, 기원전 2-3세기경에 살았던 경건한 유대인들은 당시 시리아 제국의 왕이 먹었던 진미와 그가 마셨던 포도주의 어떤 부분이 부정하였기에 그 음식을 거절한 것일까? 왕이 먹는 음식이 왜 문제가 되었던 것일까? 거의 대부분의 성서학자들은 다니엘의 왕궁음식에 대한 거절은 적어도 마카베오 시대 이후의 경건한 유대교가 준수하던 일련의 음식법과 상치되는 것이었기 때문이라고 생각한다. 다니엘의 정결한 밥상은 다음의 세 가지 모습을 가지고 있다.

다니엘 1:8에서 다니엘이 제국의 왕이 마련한 화려한 진미(珍味) 앞에서 "스스로를 더럽히지" 않겠다고 굳은 결심을 한 것을 보면 다니엘의 밥상은 첫째로 이교적인 밥상을 거절하고 율법이 금한 돼지고기와 기타 음식을 먹지 않는 정결한 밥상인 것이다. 다니엘은 율법에서 금한 돼지고기를 먹는 것이 자신을 더럽힌다고 보았고 이방 신에게 바쳐진 고기와 피를 빼지 않은 고기를 먹음으로써 자신을 부정하게 만든다고 보았다. 그렇기 때문에 다니엘과 그의 세 친구들은 궁중의 값지고도 화려한 진미를 거절한 것이다.

둘째로 우리는 왕의 진미와 그가 마시는 포도주라는 궁중요리에 주목할 필요가 있다. 특히 진미를 뜻하는 희귀한 단어 파트-바그(pat-bag)는 유일하게 8절에만 나온다. 이는 왕의 진미와 포도주가 차려진 식탁에 참여하는 자들은 제국의 왕과 언약관계를 맺는다는 것을 뜻한다. 다시 말해서 왕의 음식을 수용하는 것은 왕에게 의존하며 왕의 정책에 협조하겠다는 상징적인 행동이라는 의미이다. 왕이 차린 진미 곧 진수성찬의 밥상에 참여하는 것은 내각의 일원이 되어 그의 신하가 되는 것을 뜻하는 것이었기에 다니엘과 그의 세 친구들은 그 음식을 거절한 것이다. 성서학자 볼드윈(Baldwin)은 "왕의 식탁에 초청받아 함께함으로써 그들의 행동의 자유는 왕에 의해 박탈되고 마는 것"이라고 했다. 다니엘은 자신이 섬기는 하나님에 대한 우선적인 의무를 수행해야 하는 하나님의 백성이기에 왕에 대한 이러한 의존의 상징을 거절한 것이 분명하다.

음식 거절에 대한 다니엘과 그의 친구들의 결단은 그것이 순종이었든지 지혜였든지, 정치적인 현명함이었든지, 아니면 단순히 상징적이었든지 결과적으로 자신들의 신앙의 정체성을 잘 유지하면서 식민지 제국의 것과는 구별된 것이었다. 개미(Gammie)의 주장대로 다니엘은 "이방 땅에서 출중하고도 중대한 지위를 맡아 살고 있으면서도 현실과 타협하지 않고 더렵혀지지 않은 채 성공적인 삶을 사는 유대인들의 모습"을 잘 보여주고 있는 것이다. 그러므로 다니엘서는 더렵혀지지 않았던 바벨론 포로의 이야기를 통해서 시리아의 폭압적인 식민정책 속에서도 신앙을 지키며 거룩한 삶을 살 수 있는 길을 제시한다.

셋째로, 다니엘은 전쟁과 압제로 대변되는 거대한 제국의 밥상을 거절한 것이다. 고기와 포도주가 제국의 축제의 음식이요 귀족에게 적합한 음식이라면 채식은 가난한 식민지 민중들의 음식이었다. 따라서 채식을 하는 것은 바벨론 유배 시기처럼 시리아의 폭압적인 식민통치 시기에서도 애도나 참회의 표시로써 적절했을 것이다. 다니엘은 제국의 음식이 왕이나 귀족들에게는 어울리는 음식이지만 식민지에서 신음하며 절규하고 있는 자신의 동족들에게는 걸맞지 않는 음식이라고 본 것이 아닐까?

만약 다니엘과 그의 세 친구들이 제국의 음식을 거절하지 않았다면 이스라엘의 하나님을 순종하는 정결한 백성으로서의 정체성은 심각하게 상실되었을 것이다. 다니엘의 거절에는 그의 예리한 집중력과 명확한 정체성이 담겨 있다. 이후의 사건들을 통해 드러나듯이 그들은 이방문화에 동화되지 않고 하나님이 택하신 특별한 백성이라는 이스라엘의 정체성을 잘 이어나갔다. 그들은 이스라엘의 정체성을 잠식하는 모든 문화적 타협이나 사회적·정치적 타협을 거부하고 자신의 신앙의 고유성을 떳떳하게 지켜내면서 승리한 모범을 보여준 것이다. 혹독한 식민통치 속에서도 이 세상의 그 어떤 압제자의 권세 앞에 타협하지 않고, 떳떳하고 당당하게 신앙의 지조를 지키면서 분명한 정체성을 유지하는 것은 하나님의 백성들이 실천해야 할 윤리적 모습인 것이다.

하나님의 사람 다니엘과 그의 세 친구들이 그 어떤 두려움과 떨림 없이 당당하게 서 있는 것은 한마디로 하나님의 말씀으로 자신들의 삶을 힘차게 시작하고 있기 때문이며, 하나님께서 반드시 자신들과 함께해주신다는 확신이 있었기 때문이다. 이러한 확신으로 왕의 진미와 포도주를 거절하고 채소를 먹음으로써 자신의 몸을 더럽히지 않고 정결하고 거룩함을 지켜나간 것이다. 뿐만 아니라 제국의 왕이 차려놓은 진미와 포도주에 일체 참여하지 않음으로써 왕과 관련된 그 어떤 계약관계도 체결하지 않았다. 그리고 그들은 숨 막히는 식민통치 시기의 고난과 절규의 순간에 제국의 음식을 거부하고 민족의 정체성을 유지해 나가면서 뜨거운 풀무불 속에서도, 굶주린 사자굴 속에서도 승리한 가장 좋은 모범을 보여주었다.

이는 마치 우리 민족의 정신을 말살하고 야웨 신앙을 말살하려고 획책하였던 일본제국주의의 식민통치 속에서도 한국교회가 그들과 맞서서 금주운동, 금연운동, 물산장려운동, 아편금지운동 그리고 각종 홍등가 반대운동을 통하여 정결하고도 거룩한 신앙을 지켜나가고자 한 것과 비슷하다. 나아가서 총과 칼을 든 일본제국주의에 목숨을 걸고 신사참배를 반대하였던 신앙의 선조들, 우리는 그들을 통해서 다니엘과 그의 세 친구들의 신앙을 찾아볼 수 있다. 우리 신앙의 선조들은 먹을 것 다 빼앗겨 비록 채소보다 못한 소나무 껍질을 벗겨 먹으며 삶을 겨우 연명하면서도 있는 힘을 다하여 <환난과 핍박 중에도>라는 찬송을 불렀다.

환난과 핍박 중에도 성도는 신앙 지켰네
이 신앙 생각할 때에 기쁨이 충만하도다
성도의 신앙 따라서 죽도록 충성하겠네

옥중에 매인 성도나 양심은 자유 얻었네
우리도 고난 받으면 죽어도 영광되도다
성도의 신앙 따라서 죽도록 충성하겠네

성도의 신앙 본받아 원수도 사랑하겠네
인자한 언어 행실로 이 신앙 전파 하리라
성도의 신앙 따라서 죽도록 충성하겠네

이러한 신앙으로 선조들은 일본제국주의와 그 어떤 타협도 거부한 채 정결하고도 거룩한 신앙을 지켜낸 것이다. 혹독한 일제강점기 속에서 우리 신앙의 선조들이 함께 부르던 이 찬송이야말로 다니엘의 정결하고도 거룩한 밥상을 기억하게 한다. 일제와 타협하지 않고서 신앙을 지키고 민족을 지켜온 그들, 우리의 고유문화와 역사와 민족을 지키며 또한 우리의 이름까지 지키고자 한 신앙의 선조들에게서 다니엘의 거룩한 밥상의 참 의미를 깨달아야 할 것이다.

제2부

신약성서에서 맛보는

생명의 밥상 평화의 세상

01

소박하게 차려진 세례 요한의 절제의 밥상

메뚜기와 석청을 먹는 세례 요한의 절제의 밥상은
당시 타락한 종교는 물론 병든 사회와 정치까지도
개혁하고자 했던 신앙의 발로였다.
세례 요한이 보여준 대로 소박하고 검소하며 절약하고 절제하는 심정으로
종교의 개혁과 함께 사회까지도 변화시켜 나가는 것이
바람직한 오늘의 신앙이요, 교회이며, 신학인 것이다.

세례 요한의 밥상을 이해하기 위해서는 당시 유대의 역사와 헤로데스 왕가와 세례 요한 당시 왕이었던 헤롯 안디바 곧 헤로데스 안티파스에 대해 알아야 한다. 에돔 사람 헤로데스는 비상한 책략가였으며 강력한 힘을 가진 매우 잔인한 독재자였다. 그는 로마의 옥타비아누스와 안토니우스가 패권 경쟁을 할 때에 안토니우스를 지지하였으나 정권 다툼에서 옥타비아누스가 안토니우스를 누르고 황제가 되자 옥타비아누스를 찾아가서 자신을 처벌해줄 것을 요청하였다. 옥타비아누스는 너그러운 마음으로 그를 용서하고 그에게 다시 유대의 왕관을 씌워주어 그는 팔레스타인을 다스리는 헤로데스 대왕이 되었다.

헤로데스 왕가의 이야기

헤로데스 대왕은 통치 초기에 권력 기반을 확실하게 다지기 위해서 피의 숙청을 단행했는데 그는 에돔 사람으로서 유대의 합법적인 왕이 아니었기 때문에, 정통 왕족이었던 자기 아내와 장모, 동서 그리고 힐카누스 2세를 모두 처형시켜 버렸다. 통치 중기에 접어들자 그는 많은 공사를 시작하였는데 로마 황제의 신전을 비롯하여 극장, 경기장, 체육관, 목욕탕 등을 건축하였다. 그리고 예루살렘을 그리스·로마식으로 바꾸며 새 도시를 건축하였다. 또한 헤로데스 대왕은 유대인들의 환심을 얻기 위해서 스룹바벨이 기원전 516년에 세웠던 성전을 크게 증축하고 아름답게 꾸몄는데 이 성전 공사는 기원전 19년에 시작되어 기원후 63년에 끝났다. 그는 사마리아를 재건한 후에 로마 황제를 기념하기 위해 그곳을 황제의 이름을 따서 세바스테라고 불렀다. 또한 가이사랴에 항구 도시 빌립보를 건설하였고, 많은 요새와 왕궁도 건축했다. 그러나 그는 헬라주의자들만 요직에 앉혔기 때문에 바리새인들의 반발을 사기도 했다. 통치 말기에 이르러서는 자기 아들들을 대부분 죽였다.(7 BC) 그는 기원전 4년에 여리고에서 사망했는데 당시 그의 나이는 70세였다고 한다. 마태는 바로 헤로데스 대왕이 죽기 직전에 예수께서 유대 땅 베들레헴에서 탄생하셨다고 기록한다.(마 2:1)

헤로데스 대왕이 죽은 후 로마제국은 그의 세 명의 아들인, 아켈라오, 안티파스 그리고 빌립 2세로 하여금 팔레스타인을 세 등분으로 나눠 분봉왕으로서 통치하게 하였다. 첫째 아들인 헤로데스 아켈라오는 폭군 정치를 했던 왕으로 어머니가 사마리아 사람이자 헤로데스의 첩이었으므로 좋은 혈통이 아니었다. 그의 아내 글라피아도 이복형제의 미망인이었다. 이것이 근친상간으로 간주되어 유대인들에게 미움을 샀다. 또한 폭정을 펼쳐 결국 유대인들은 로마 황제에게 그의 파면을 요구하게 되었다. 로마 황제는 아켈라오를 분봉 영주로 강등시키고 비엔나로 보내버렸다. 아켈라오의 통치 지역은 기원후 6년부터 로마 총독의 관할에 들어갔고 그곳에는 빌라도가 부임하게 된다.

둘째 아들인 헤로데스 안티파스 왕은 갈릴리와 베뢰아의 분봉왕이 되었는데 그는 갈릴리 호숫가에 도시를 세우고 그곳을 로마 황제 티베리우스의 이름을 따서 티베리아라고 불렀다. 그는 나바테아 왕국의 아레스타 왕의 딸과 결혼했지만 이복형제인 빌립 1세의 아내인 헤로디아를 더 좋아해서 헤로디아와 결혼하기 위해 아내와 이혼한다. 그와 새로이 결혼한 헤로디아는 하스몬 왕조의 후손인 마리암과 헤로데스 대왕 사이에서 태어난 아리스도불루스의 딸로 이미 두 번의 결혼을 한 여인이었다. 헤로데스 안티파스 왕과 세 번째로 결혼한 헤로디아에게는 전 남편과의 사이에서 태어난 딸 살로메가 있었다. 이 결혼은 도덕적으로 비난을 받았지만 서로에게 유리한 조건의 결합이었다. 헤로데스 안티파스에게는 하스몬 왕조의 후손인 헤로디아와의 결합이 왕위 계승에 도움이 되었고 헤로디아도 이 결혼으로 왕비가 될 수 있었기 때문이다. 그러나 이 결혼은 모세의 율법에 위배되는 것으로 여겨져 유대인의 반감과 함께 세례 요한의 공개적인 비난을 받았다.

셋째 아들인 빌립 2세는 헤로데스 대왕과 클레오파트라 사이에서 태어난 아들로 북쪽 지역을 물려받고 가울라니티스, 파니아스, 이두레와 드레고닛 지방의 분봉 영주로 임명된다.(눅 3:1) 이 지역은 비(非)유대 사람들이 많이 살고 있었기 때문에 그 지역의 사람들은 빌립 2세의 사생활에 관심이 없었다. 그는 갈릴리 북부를 다스리며 가이사랴 빌립보라는 로마식 도시를 건설하기도 했다. 그의 영토는 기원후 37년 이후 아그립바 1세가 다스리게 된다. 그는 헤로데스 가에서 가장 존경받는 인물로 그가 다스리는 동안 이 지역은 평안했다.

세례 요한으로부터 신랄한 비판을 받은 왕은 신약성서에서 가장 잘 알려진 '안디바' 곧 헤로데스 안티파스로 헤로데스 대왕의 아들 가운데 가장 유능한 사람이었다. 그는 자기 아버지 헤로데스 대왕의 정치적 수완과 정책을 닮으려고 한 충실한 아들이었고 교활하기 그지없었기 때문에 예수는 그를 "여우"라고 불렀다.(눅 13:32)

이렇게 세 지역으로 나뉘었던 유대 나라는 70년 봄에 로마의 디도(Titus) 장군에 의해 멸망당하고 만다. 예루살렘 성은 무너져 성전을 중심으로 하던 유대교는 종말을 맞았다. 이때부터 이스라엘은 다시 독립할 때까지 1900년 가까운 세월을 나라를 잃고 방황하게 되었다.

세례자 요한이라는 사람

이 시기에 세례 요한은 마지막 예언자로서 활동하고 있었다. 그런데 마가복음 1장을 읽다 보면 세례 요한의 독특한 모습을 발견할 수 있다. 마가가 세례 요한의 모습을 보도하기를 그는 "메뚜기"와 "석청"을 먹었다고 한다.(막 1:6) 이러한 세례 요한이 광야에 이르러 죄사함을 받게 하는 회개의 세례를 전파하였는데 유대의 많은 시골 사람들과 함께 예루살렘 도시 사람들도 나아와 회개하면서 그가 베푼 세례를 받았다고 한다.(막 1:4-6) 마태복음에 의하면 하나님이 통치하시는 그 나라는 갈릴리와 베뢰아 지역을 통치하던 헤로데스 안티파스의 통치도 아니었고 당시 세계를 지배하던 로마의 왕, 아우구스투스의 통치도 아니었다. 하나님이 통치하시는 나라는 그들의 통치와는 전혀 다른 것으로 철저하게 회개하여 새로운 삶을 살아야 한다는 것을 역설한다.

세례 요한은 바리새인들과 사두개인들이 세례를 받으러 오는 것을 보고 "독사의 자식들아 누가 너희를 가르쳐 임박한 진노를 피하라 하더냐"라고 책망하면서 "회개에 합당한 열매를" 맺으라고 한다.(마 3:7-8) 누가복음의 저자 누가는 회개에 합당한 열매에 대해서 보다 알기 쉬운 사례를 들어 설명한다. 누가복음에 의하면 세례 요한은 "옷 두 벌 있는 자는 옷 없는 자에게 나눠 줄 것이요 먹을 것이 있는 자도 그렇게 할 것이니라"며 군인들에겐 "사람에게서 강탈하지 말며 거짓으로 고발하지 말고 받는 급료를 족한 줄로 알라"고 외친다.(눅 3:11-14)

세례 요한은 이사야 40:3을 인용하여 자신을 "주의 길을 곧게 하라고 광야에서 외치는 소리"에 비유하고 있으며(요 1:23, 참고 마 3:3), "나는 너희로 회개하게 하기 위하여 물로 세례를 베풀거니와 내 뒤에 오시는 이는 나보다 능력이 많으시니 나는 그의 신을 들기도 감당하지 못하겠노라 그는 성령과 불로 너희에게 세례를 베푸실 것이요"라고 한다.(마 3:11)

세례 요한은 헤로데스 안티파스 왕의 이혼과 이복형제의 딸과 결혼을 한 행위가 불법임을 공개적으로 지적했다. 이에 헤로데스 안티파스는 군사를 보내 세례 요한을 체포하여 감옥에 가두게 했다. 헤로디아는 항상 눈엣가시 같은 세례 요한을 죽일 기회를 찾고 있었다. 그녀는 새 남편 헤로데스 안티파스 왕의 생일날, 전 남편 빌립과의 사이에서 태어난 딸 살로메를 보내 연회에서 춤을 추게 했다. 사실 궁중 예법에 의하면 공주가 손님들 앞에서 춤추는 것은 금지되어 있었다. 대체로 연회석상에는 창녀들이 무희로 등장하였다고 한다. 이로 미루어볼 때, 당시의 궁중에 환락이 있었던 것을 알 수 있다. 그런데 이런 일은 헤로디아에게 절호의 기회였다. 술에 취해 육욕에 빠진 헤로데스가 그녀의 덫에 걸리고 만 것이다.

헤로데스 안티파스 왕은 딸의 춤을 보고 너무 기쁜 나머지 무엇이든지 원하는 대로 다 들어주겠다고 약속했다. 바로 그때에 그녀는 세례 요한의 머리를 달라고 요구했고, 헤로데스 안티파스 왕은 이 요청을 승낙할 수밖에 없었다. 그리하여 세례 요한은 헤로데스 안티파스, 헤로디아 그리고 살로메에 의해 죽임을 당하게 된 것이다.(막 10:11)

세례 요한은 예수 그리스도의 길을 준비한 사람이었고, 자신을 최대한 낮추는 겸손한 사람이었으나 불의 앞에서는 결코 무릎을 꿇지 않는 가난한 예언자였다. 그는 집도 없이 빈들에서 살면서 그곳에서 기도하면서 하늘을 지붕 삼아 자기도 하였다. 그는 약대털옷을 입고 허리에 가죽 띠를 띠고 메뚜기와 석청이라는 최소한의 음식을 먹으며 예수 그리스도의 길, 하나님의 나라를 준비하고 있었던 것이다.

세례 요한의 절제의 밥상

세례 요한의 절제된 밥상을 이야기하기 위해서는 헤로데스의 밥상 곧 헤로데스가 벌이는 잔치를 먼저 들여다보아야 한다. 마가복음 6장에 나타나는 헤로데스 안티파스 왕의 잔치의 밥상은 당시 로마의 밥상과 매우 흡사했음을 추측할 수 있다. 다음 장에서 로마의 음식문화에 대해 상세하게 언급할 것이므로 여기에서는 짧게 설명하려고 한다. 로마제국의 밥상은 부요한 사람들과 가난한 사람들의 밥상이 질적으로 다른 양극화된 밥상이었다. 당시 부요한 로마 사람들은 자신의 부와 지위를 나타내기 위해서 많은 손님을 초대했는데 이때 주인은 값비싼 최고급 재료들로 음식을 만들어 자신의 우월감을 드러냈다.

로마의 최상류층 귀족들의 밥상에는 식전 요리가 두 차례 나왔으며 본 요리로 닭과 암퇘지와 멧돼지 등의 다양한 고기들이 세 차례 나왔으며 마지막 후식도 두 차례나 나오는 진수성찬이었다. 그러므로 헤로데스 안티파스가 벌인 잔치의 밥상은 로마의 귀족들의 밥상과 거의 같거나 아니면 그들의 밥상의 축소판이었을 것으로 짐작된다. 이와 같이 헤로데스 안티파스의 생일잔치에 차려진 화려한 밥상은 먹고 마시고 토해내고 다시 먹기를 반복한 잔치였으며 그 잔치의 절정에서 세례 요한의 목이 올라온 것이다. 그야말로 헤로데스 안티파스의 밥상은 죽음의 밥상인 셈이었다.

당시 가난한 사람들은 주로 보리로 만든 거친 빵, 곡물로 만든 국수와 옥수수가루죽 등을 먹었으며 콩, 무화과, 올리브와 함께 치즈를 먹었고 가끔은 구운 돼지고기나 소금으로 간을 한 생선을 사 먹기도 하였다. 그러나 먹을거리가 없을 경우 세례 요한처럼 석청이라는 들꿀과 야생나무 열매를 먹었을 것이다.

메뚜기로 차린 세례 요한의 밥상의 의미는 과연 무엇일까? 성서에서 메뚜기라고 이야기할 때 일반적으로 광야에서 날아다니는 메뚜기로만 생각하기 쉽지만 이스라엘에는 메뚜기가 하나 더 있다고 한다. 그것은 메뚜기나무라고 불리는 쥐엄나무였다. 왜냐하면 메뚜기는 히브리 단어로 하루브(חרוב)인데 공교롭게도 쥐엄나무도 같은 하루브(חרוב)였기 때문에 쥐엄나무를 메뚜기나무라고도 불렀던 것이다. 쥐엄나무 열매는 당시의 사람들이 곡식이 다 떨어져서 먹을 것이 없을 때, 마치 우리

나라의 보릿고개 때 먹었던 소나무 껍질과 풀뿌리와 같은 의미로 가난한 사람들이 먹는 열매였다.

이를 뒷받침하는 이야기로 초기의 그리스도인들은 쥐엄나무 열매를 '세례 요한의 빵'이라고 불렀다고 하며 지금도 뉴욕의 시장에서는 쥐엄나무의 열매를 빻아 가루로 만든 빵을 '세례 요한의 빵'이라고 부르고 있다. 사실 유대 광야에는 사람이 식량으로 사용할 만큼 메뚜기가 많지는 않았다고 한다.

쥐엄나무는 지중해 연안에서 자생하는 나무로 이스라엘 등지에서 흔히 볼 수 있는 나무이다. 돼지가 먹는 쥐엄나무 열매를 사람은 먹지 않는 것으로 생각하지만 반드시 그런 것은 아니다. 구약 시대에는 적의 포위로 성 안 사람들이 굶주릴 때 이것을 비상식량으로 많이 먹었다고 한다. 『탈무드』에 보면 랍비 시몬 바르요하이는 로마인들에게 붙잡히는 것을 두려워해 그의 아들과 갈릴리 동굴에 숨어 있는 동안 쥐엄나무 열매를 먹으며 12년을 지냈다고 한다. 쥐엄나무는 오늘날에도 이스라엘 곳곳에서 쉽게 볼 수 있으며 또한 숲을 이루고 있는 곳도 있다. 예루살렘 거리 가로수에도 쥐엄나무가 많다. 고대부터 쥐엄나무가 이스라엘에서 흔했는데도 불구하고 구약성서에서는 전혀 언급되지 않고 있다는 것은 놀라운 일이다.

신약성서에서 쥐엄나무는 단 한 번 언급되는데, 누가복음 15장 '잃었던 아들' 곧 돌아온 탕자의 비유에서 볼 수 있다. 작은 아들이 가진 것을 모두 탕진하고 쥐엄나무 열매로 배를 채우며 정신을 차렸다는 대목이다. 이처럼 쥐엄나무 열매는 당시 가난한 이들의 식량으로 사용되었던 것이다.

돼지를 부정한 동물로 여긴 유대인들은 돼지고기를 먹지 않았을 뿐만 아니라 그 주검을 만지지도 않았다.(레 11:7-8) 따라서 돼지를 친다는 것 자체가 매우 수치스러운 일이었고 돼지가 먹는 쥐엄나무 열매라도 먹겠다고 생각한 것은 그의 상황이 얼마나 비참했는지를 설명해준다. 아버지의 집을 떠난 작은 아들은 세상의 쾌락에 빠져 모든 것을 잃어버리고 쥐엄나무 열매로 간신히 배를 채우면서 그제야 정신을 차렸다. 오늘날 우리에게도 쥐엄나무 열매를 먹는 것 같은 어려움이 영적으로는 오히려 유익할 때가 있을 것이다. 왜냐하면 그런 상황에서 우리는 더 간절하게 하나님 나라를 소망하게 될 것이기 때문이다.

쥐엄나무는 파종해서 결실해 수확할 때까지 20년 이상이 걸린다. 이 나무는 해안평야와 주변의 산기슭 언덕 그리고 갈릴리와 사마리아의 산지 등에서 자란다. 쥐엄나무는 우리나라에 자생하는 주엽나무와 콩꼬투리의 생김새가 비슷해 동일한 식물로 생각하기 쉽지만 이것들은 전혀 다른 식물이다. 쥐엄나무 열매는 콩꼬투리처럼 납작하고, 처음에는 녹색이지만 익으면 갈색으로 변한다. 콩꼬투리 속에는 동글납작한 완두콩처럼 생긴 씨가 들어 있다. 쥐엄나무의 씨는 무게가 균일한 것이 특징이다. 그래서 무게를 다는 저울추로도 쓰였다고 한다. 콩꼬투리는 익어도 벌어지지 않고, 마르면 그대로 떨어진다. 말린 것은 가루로 빻아서 엿을 만들거나 알코올 원료로 쓰인다. 또한 쥐엄나무 열매는 소, 말, 돼지, 닭 등 가축들의 훌륭한 사료가 된다. 옛날에는 쥐엄나무 열매를 가난한 사람들 식량으로 사용했다. 아직도 가난한 팔레스타인 사람들은 쥐엄나무로 만든 빵을 음식으로 먹는다고 한다.

세례 요한의 메뚜기와 석청으로 이루어진 절제의 밥상, 그것이 메뚜기이든 쥐엄나무 열매이든 또한 돌 사이에 있는 벌꿀이든 아니면 돌 사이에 떨어진 대추야자나무 열매이든 세례 요한은 스스로 가난하여 검소하고 절제된 삶을 온몸으로 살아낸 사람이었다. 그는 당시의 병든 사회와 종교를 개혁하면서 예수 그리스도의 길을 닦으며 새로운 세상을 준비하고자 했다. 그것도 특별히 세상 구석구석에 있는 가난한 자의 편에 서서 가난한 자들이 먹는 검소하고 절제된 소박한 음식을 먹으면서 예수 그리스도의 길을 열어간 것이다.

이러한 세례 요한의 절제의 밥상은 4세기 후반 사막 교부들의 밥상에도 나타난다. 313년에 기독교회는 로마의 왕 콘스탄티누스에 의해 공인을 받았다. 그러나 얼마 지나지 않아 세속주의 물결, 곧 성적 타락을 부추기는 목욕문화와 탐욕과 소비문화를 조장하는 식탐(食貪)의 음식문화가 교회로 유입되기 시작하여 교회마저도 타락하기 시작하였다. 이 무렵 이집트의 사막 교부 안토니우스의 제자요 로마 폰투스 출신 수도사였던 에바그리우스 폰티쿠스(Evagrius Ponticus)는 375년에 『사망에 이르는 8가지 사상』이란 책을 저술하여 당시 타락한 교회를 갱신하고 개혁해나가고자 했다. 그에 의하면 사망에 이르는 8가지 사상이란 첫째, 탐식(gluttony), 둘째, 호색(fornication), 셋째, 탐욕(avarice), 넷째, 슬픔(sorrow), 다섯째, 나태(acedia), 여섯째, 분노(anger), 일곱째, 허영(vainglory), 여덟째, 교만(pride)이었다.(그 후 그의 제자인 카시아누스는 사망에 이르는 7가지 죄를 교만, 시기, 분냄, 호색, 탐식, 나태함, 탐욕으로 분류하였는데 590년경 교황 그레고리 1세가 이를 공식으로 수락하여 전통적으로 사망에 이르는 7가지 죄 즉 'Seven deadly sins'라고 불리게 되었다.)

4세기 후반에 나타난 사막 교부 에바그리우스의 특이한 점은 당시 사회와 교회를 병들게 한 흥청망청 먹고 마시고 토해내고 또 마시는 탐식의 죄성을 가장 먼저 언급하고 있다는 점이다. 그렇기에 당시의 신학자들이나 영성가들은 교회를 벗어나 사막으로 가서 탐식의 죄성에 맞서 음식을 거의 끊어버린 것이다. 사막 교부들은 사막에 들어가 기도와 명상을 하였는데 하루에 물 한 모금과 납작한 빵 두 개가 그들의 하루 음식 전부였다. 그들은 절제된 음식, 절제된 밥상과 함께 기도와 명상으로 그리고 글과 저술로 당시의 타락한 교회와 사회를 개혁해 나가려고 했다. 뿐만 아니라 탐식으로 인해서 병든 사회를 향하여 사회개혁을 단행하고자 했음을 알 수 있다. 이런 점에서 그들은 제2의 세례 요한이었던 것이다. 세례 요한은 메뚜기와 석청(또는 쥐엄나무 열매로 만든 빵과 석청)을 통해 음식이 바뀌면 신앙이 바뀌고 신앙이 바뀌면 세상도 바꿀 수 있다는 것을 오늘 우리에게 다시 보여주고 있다.

한국교회의 절제의 밥상

세례 요한의 절제의 밥상은 한국교회의 절제운동을 통해서도 발견된다. 절제란 사전적 의미로는 알맞게 조절하고, 방종에 흐르지 않도록 감성적 욕구를 이성으로 제어하는 일을 뜻한다. 고린도전서 9:25에는 절제란 자제(自制)에 의해 얻어지는 개인적인 적합한 자질이며 그리스도인의 사랑의 훈련이 하나님의 선물들을 자유롭게 향유하는 것을 보존해준다고 기록하고 있다. 한국에서 절제운동과 기독교는 불가분의 관계를 맺어왔다.

한국에 처음 입국한 미국 선교사들은 청빈과 절제, 검약과 봉사생활을 강조하는 청교도신앙을 갖고 왔기에 이 땅의 심각한 폐습을 직시하고, 처음부터 금주·금연하는 자세로 예수를 믿어야 한다고 가르쳤고, 그 결과 금주·금연이야말로 이 땅에서 예수 믿는 사람의 첫째 표식이 된 것이다. 초기 한국 교인들의 생활강령 7개조는 예배, 안식일, 효도, 순결, 인가귀도 곧 '나와 내 집안 식구 모두를 하나님의 신앙으로 이끎', 근면정직, 술·도박·아편의 금지로 되어 있었다.

그리스도인으로서의 윤리생활이 이러한 절제운동으로 연결되면서 그리스도인들 사이에서 많은 변화가 일어났다. 특히 1905년 을사늑약 체결 이후인 1907년 1월 평양의 그리스도인을 중심으로 대부흥운동이 일어나면서 많은 사람들이 술, 담배, 도박, 민며느리제 및 축첩 등을 심각한 죄로 규정하고 이를 스스로 끊고자 하였다. 뿐만 아니라 2월 대구의 가톨릭교도인 서상돈 선생에 의해 국채보상운동이 일어났는데 이 운동이 서울에 연결되면서 민족지도자들과 개신교인들이 중심이 되어 전국적인 운동으로 확산되었다. 이는 금주·금연운동이라는 절제운동을 통해서 경제적 재화를 모아 외채를 청산하고 자주독립국가를 회복하자는 애국운동이었다. 그러나 이 운동은 지속되지 못하고 짧게 끝나고 말았다.

민족의 독립을 위해 전국에서 전개된 1919년의 3·1운동 이후 일제는 한반도의 지배정책을 문화정책으로 바꿔 갖가지 퇴폐문화를 한국에 들여왔는데 특히 술과 아편 그리고 공창제도 등을 가져와 젊은 청년들의 정신을 병들게 하였다. 예를 들면, 1923년 일본에서 수입된 술의 금액이 791만 2,961원, 외국에서의 수입액이 13만 5,348원 그리고 한국 자체 내의 술 생산액이 4,537만 6,983원 등 총 5,342만 9,292원에 이르렀다. 그해 총독부의 예산액이 1억 4,600만 7,225원이었는데, 비상금을 제외한 지출액이 1억 280만 768원이었다는 사실을 감안한다면, 1년 예산의 반 정도에 해당하는 양이었다. 1924년 서울만 따지더라도 한국인 및 일본인 초등학교 예산 80만 7,964원이었는데 음주량은 187만 327원이었다고 한다.(정태헌, 『일제의 경제정책과 조선사회』[서울 : 역사비평

사, 1996], 63-88과 89-100을 참고하라. 여기서 정태헌은 일제가 조선사회를 수탈하기 위하여 조세수탈의 기반을 조성한 후, 주세법[酒稅法] 및 연초세법[煙草稅法]을 통하여 조선의 경제력을 마비시켜 나감은 물론 유흥업을 장려함으로 조선사회를 몰락시키고자 하였음을 집중적으로 연구하고 있다.) 홍청망청 먹고 마시면서 유흥과 환락에 쓴 금액이 교육비의 두 배가 넘었다는 것은 민족의 존폐에 관한 문제였다고 하겠다.

일제의 민족말살정책으로 타락해가는 청년들을 지켜보던 기독교 지식인들은 의식개혁운동을 조직적으로 전개했는데 그중 하나가 절제운동이다. 절제운동은 남성들보다는 여성들이 앞장서서 전국을 순회하는 강연집회를 함으로써 더욱 불이 붙었다. 이에 발맞추어 세계기독교여자절제회에서는 1923년 5월 틴링을 한국에 파송했으며 그녀는 6개월 동안 서울, 평양, 개성, 해주, 원산, 광주, 대구, 재령 등을 돌며 절제강연회를 열었다. 그해 8월에 열린 조선여자기독교청년회 제2회 하계수양회는 금주, 금연, 공창폐지를 주요 사업으로 채택했으며 9월에는 장로교와 감리교의 여선교사들이 '기독교여자금주회'라는 이름의 여자절제회를 결성하였다. 다음해인 1924년에는 회원 150명과 15개 지방절제회가 조직되었으며 같은 해 8월 28일 '조선여자기독교절제연합회'가 이화학당에서 창설되었는데 초대회장에는 YWCA 창설의 주역이었던 장로교의 유각경이 피선됐고 손메레는 총무를 맡았다.

이에 민족 신앙인을 중심으로 한국교회는 한국 사회와 경제를 일으키면서 민족의 얼을 되살리기 위하여 금주운동을 시작한다. 장로교는 노회별로 누룩장사 곧 술장사를 하는 교인에 대해 그만둘 것을 권하는가 하면 아예 세례를 주지 않는 경우도 있었다. 특히 기독청년들을 중심으로 이어진 절제운동을 확대하여 1932년 5월 5일 평양신학교에서 조만식, 채필근, 송상석 등이 중심이 되어 '조선기독교절제운동회'를 조직하였다. 그들은 "주류, 연초, 아편, 창기, 악질, 폐습 등의 해악을 제거하여 자아의 영원한 인격을 건설하고 가련한 생명을 구제하며 사회 일반의 복지를 증진시키는 것"을 그 취지로 삼고 절제운동을 활발하게 전개해나갔다. 감리교는 1930년에 연회 안에 금주위원회를 설치하여 금주·금연운동을 전개하다가 1933년에 제정한 '감리교 사회신경' 중 제7조에 "심신을 패망케 하는 술, 담배와 아편의 제조, 판매, 사용을 금한다."고 못 박았다.

이러한 민족 위기의 시기에 이화여전 출신인 16세 소녀 임배세가 작사·작곡한 절제계몽가인 <금주가>가 나오자 한국교회는 이를 1931년 간행된 『신정찬송가』 230장에 포함시켜 예배시간에 부르기도 하였다.

1. 금수강산 내 동포여 술을 입에 대지 말라
   건강지력 손상하니 천치 될까 늘 두렵다
2. 패가망신 될 독주는 빚도 내서 마시면서
   자녀교육 위하여는 일전 한 푼 안 쓰려네
3. 전국 술값 다 합하여 곳곳마다 학교 세워
   자녀수양 늘 시키면 동서문명 잘 빛내리
4. 천부 주신 네 재능과 부모님께 받은 귀체
   술의 독기 받지 말고 국가 위해 일할지라

후렴 아, 마시지 마라 그 술 아, 보지도 마라 그 술
조선사회 복 받기는 금주함에 잇나니라

절박한 민족의 경제적 상황에서 불린 <금주가>는 교회의 찬송이

었고 민족의 경제를 지키기 위한 정의를 실천하고자 한 민족의 노래였다. 금주운동은 소극적으로는 근검절약하여 민족의 경제를 살려야 하겠다는 경제운동이었으나 적극적으로는 일제의 경제적 억압과 착취에 대한 교회적 저항운동이었다. 이러한 상황에서 당시 한국교회가 교회법으로 술을 금한 것은 조선 사람들의 정신을 병들게 하며 동시에 조선의 경제력을 둔화시키면서 자국의 이익을 남기려고 한 일제의 식민주의 정책에 대한 저항운동이었음에 틀림없다.

당시 한국 사회는 술뿐만이 아니라 담배 문제도 심각하였다. 심지어 양반 자녀들의 이에 니코틴이 끼여서 새까맣게 보였다는 이야기도 전해진다. 교회는 담배가 그 어떤 것보다도 신체에 해롭다는 것을 강조한 것 같다. 가난한 나라에서 술과 더불어 담배로 소비되는 돈이 엄청났으므로 "새 인간, 새 사회를 향한 금연운동"이 교회를 통해 일어날 기미가 보였다. "담배 먹는 사람은 죽을 때까지 불편한 것시 만흐니라. 이런 사람은 여러 가지 병이 잇나니 힘줄이 약하고 가슴이 답답하고 념통이 더 벌덕벌덕하고 슈전증이 나고, 안력에 대단히 해롭고 여러 가지 병이 만흐니라."(「그리스도신문」 1897년 5월 7일자)

1910년대에 이르러서는 미성년자들의 흡연이 사회에 만연되어 교회가 깊은 우려를 나타냈다. 길선주 목사가 소년 금연의 설교를 하다가 전매행정 거역이라 해서 필경반역죄라는 명목으로 일제의 의해 구속된 사실도 있었다. 북감리교 연회가 흡연 금지를 결의한 것이 바로 1910년이었다. 흡연이 신체와 총명과 '도덕 및 영혼'과 경제생활과 청결한 환경에 모두 해(害)가 된다고 보았던 것이다. 그런데 흥미로운 것은 조선총독부의 1912년도 회계의 세입에서 담배 전매의 수입이 22만 553원이었음에 비해 관립학교 이외의 교육 부분 세출은 2만 3,582원이었다는 사실이다. 당시 주초의 세입은 43만 638원이었는데 이는 세수(稅收) 1,134만 7,536원의 3.7%에 이르는 금액이었다. 1914년에는 주초 세입이 114만 2,188원으로 세수 1,653만 7,486원의 7%까지 상승했다.

이상에서 볼 때, 당시 한국교회는 담배와 술의 수입과 그로 인한 과다한 소비에 대해서 심각한 사회적 책임을 느꼈기 때문에 단연·단주를 실천한 것으로 추측된다. 교회의 단주·단연은 단지 신체, 총명, 도덕과 영혼 그리고 경제생활과 청결한 환경에 해가 되기 때문에 시작한 것이 아니라 일제의 경제적 침략과 수탈에 대하여 민족을 살리고자 한 민족신앙의 발로요, 사회에 대한 그리스도인의 책임 즉 심각한 사회의 문제를 대처하는 기독교 사회윤리적 신앙의 모습이었던 것이다.

어디 절제운동이 필요했던 시기가 선교 초기의 한국교회뿐이겠는가? 오늘의 사회는 우리를 소비주의의 노예로 만들었고 편리한 생활에 길들여지게 했다. 한국 청소년들의 음주량은 세계에서 1위이고, 청소년 자살율도 세계 1위이다. 우리나라에서 하루에 버려진 음식쓰레기는 2만 3,000톤으로 4톤 트럭 6,000대가 동원된다고 한다. 2012년 한 해 음식쓰레기는 약 840만 톤, 약 25조 원어치가 쏟아져 나왔고 그 처리비용만도 자그마치 2조 원이나 되었다. 뿐만 아니라 우리나라는 술집과 유흥업에 관한 산업이 세계에서 1위라고 한다.

영국 BBC 방송이 발행하는 잡지 「포커스」(www.bbcfocusmagazine.com) 2010년 2월호에서 영국 연구원들이 세계 35개국을 대상으로 '칠종죄'(교만, 시기, 분냄, 호색, 탐식, 나태함, 탐욕)를 얼마나 많이 저지르고 있는지를 분석하여 1위부터 10위까지 점수를 매긴 적이 있었다. 그 결과 한국은 종합점수 15점을 받아 세계에서 8번째로 '죄를 많이 짓는 나라'인 것으로 나타났다. 가장 죄를 많이 짓는 나라는 46점을 받은 호주였고, 미국과 캐나다가 그 뒤를 잇는 불명예를 안았으며, 일본은 7위에 꼽혔다. 특히 유흥산업에 대한 국민 1인당 연간 지출액을 기준으로 매긴 '음욕' 부문의 경우 예상과는 달리 우리나라가 1위로 집계되어 깜짝 놀란 적이 있었다. 날이 갈수록 한국인들이 자신의 욕망을 거리낌없이 표출하고 있어 얼굴이 붉어지기도 한다. 엎어져 코 닿으면 러브호텔, 한 집 건너 음란퇴폐업소, 인터넷 홈페이지마다 눈뜨고는 볼 수 없는 야한 사진들이 둥둥 떠다니며 성폭행 사건을 부추기고 있다. 심지어 초등학생들까지도 성폭행의 대상이 되고 있는 사회가 우리 사회라면 이는 심각한 병을 앓고 있는 것이다.

우리는 세계에서 가장 큰 대형교회들이 교파별로 한국에 다 있다고 자랑하기도 한다. 아시아의 예루살렘이라 말할 정도로 많은 교회들이 뜨거운 선교의 열정으로 세계 곳곳에 선교사를 파송하며 단기선교로 또는 교육선교로 나가 봉사한다. 이러한 신앙은 한국교회의 자랑거리이다. 그러나 21세기를 살아가는 양심적인 신앙의 사람이라면 곳곳에서 곪아터져 냄새가 진동하는 우리 사회를 위해서도 팔을 걷어붙여야만 한다. 모두가 근검절약하고 절제함은 물론 소박하면서도 품위 있는 경건한 삶을 살아가면서 사회 전체를 변화시켜야 한다.

메뚜기와 석청을 먹는 세례 요한의 절제의 밥상은 당시 타락한 종교는 물론 병든 사회와 정치까지도 개혁하고자 했던 신앙의 발로였다. 세례 요한이 보여준 대로 소박하고 검소하며 절약하고 절제하는 심정으로 종교의 개혁과 함께 사회까지도 변화시켜 나가는 것이 바람직한 오늘의 신앙이요, 교회이며, 개혁전통에 서 있는 신학인 것이다. 그래야만 이 땅의 청년들에게 그리고 어린 자녀들에게 하나님의 사랑이 듬뿍 담긴 아름다운 땅과 세상을 선물로 줄 수 있을 것이다.

02

나눔으로 기적을 이룬 오병이어의 생명의 밥상

하나님께서 바라시는 하나님의 나라는 마치 오병이어의 기적처럼
작은 것 하나라도 반드시 나누어 가지는 '나눔의 정의'를 통해
모두가 넉넉하고 생명 충만한 삶을 살아가는 것이다.
그러므로 가장 구체적인 '생명·정의·평화'의 실천은 음식의 나눔에서부터 시작된다.
이것이 오늘에 필요한 음식신앙이요, 음식신학이며, 음식윤리이다.

보리떡 다섯 덩어리와 물고기 두 마리로 성인 남자만 5,000명이 배불리 먹고도 열두 광주리가 남은 사건은 너무나 중요한 사건이어서 4 복음서에 모두 기록되었다.(마 14:13-21, 막 6:30-44, 눅 9:10-17, 요 6:1-14) 그러나 공관복음서라 일컫는 마태복음, 마가복음, 누가복음에는 보리떡 다섯 덩어리와 물고기 두 마리를 누가 내어놓았는지에 대한 설명이 없는 반면에 요한복음에는 베드로의 형제 안드레가 한 어린이가 가진 보리떡 다섯 덩어리와 물고기 두 마리를 예수께 내어놓았고 예수께서 축사 곧 감사기도를 드리신 후 나누어주었더니 모두가 배불리 먹었다고 기록되어 있다. 그리고 부스러기를 주웠더니 열두 광주리에 가득하였다고 한다. 이러한 큰 표적을 본 무리들은 "이 분이야말로 우리가 기다리던 그 예언자시이다."라고 말하며 예수님을 모시고 가서 왕으로 세우려고 하였다.

그러나 흥미로운 것은 마태복음과 마가복음에는 오병이어 기적의 사건 바로 앞에 헤로데스 안티파스의 만찬이 나타나며 그 만찬의 절정에 세례 요한의 목이 올라왔다는 사실이다. 그러니까 적어도 마태복음이나 마가복음은 헤로데스 안티파스의 화려한 밥상과 예수 그리스도의 빈들의 밥상을 대조하여 보여준다고 할 수 있을 것이다. 헤로데스 안티파스의 밥상이 죽임의 밥상이라면 예수님의 밥상은 살림의 밥상이요 생명의 밥상임을 우리에게 잘 보여준다고 하겠다.

헤로데스 안티파스의 죽임의 밥상

마가복음 6:4-29와 마태복음 14:1-12에는 헤로데스 안티파스가 자신의 아내가 된 헤로디아의 생일을 위해 상상도 못할 정도로 화려한 축하연을 연 장면이 기록되어 있다. 헤로데스가 준비한 만찬은 과연 어떠했을까? 그것은 두말할 것 없이 로마 귀족의 만찬과 매우 흡사한 밥상이었을 것이다.

로마시대 귀족들의 밥상은 엄청난 돈을 들여 준비한 화려하기 그지없는 밥상이었다. 식사가 시작될 무렵에 하인들은 얼음처럼 차가운 물을 손님들 손에 부어주었고 발을 닦아주었으며, 심지어는 대단히 꼼꼼하게 손질을 해주기도 하였다. 사치와 낭비가 심했던 부요한 사람들은 손님들에게 물 대신 포도주로 손을 씻게 하기도 하였고 주인은 자신의 부요와 화려함을 보란듯이 향수로 손을 씻기도 하였다.

당시 로마의 평민들은 앉아서 음식을 먹었던 반면에 부요한 사람들은 그리스 방식을 따라 비스듬히 누워서 식사를 하였다. 그들은 소파 위에서 의자 길이의 4분의 3 정도까지 다리를 뻗고 왼쪽 아래팔로 몸을 지탱했다. 최대한 편안하게 누워 있기 위해 사람들은 흔히 왼쪽 팔꿈치 아래에 쿠션을 받쳐놓기도 했다. 대체로 만찬에서는 3가지 종류의 요리가 준비되었는데, 처음에 식전 요리가 나오고 이어 중심 식사가 나온 다음 후식이 나오는 것이 당시 만찬의 관례였다.

식전 요리는 두 번 나오는데 첫 번째 요리에는 고린도산 고급 쟁반에 올리브, 은빛 색깔의 개아카시아 열매, 꿀 양귀비 씨앗이 담겨 있었고 은으로 만들어진 석쇠 위에는 뜨거운 소시지가, 석쇠 아래에는 시리아산 자두와 석류가 있었다. 첫 번째 전채요리가 끝나기도 전에 두 번째 전채요리가 나온다. 두 번째 요리에는 구하기 어려운 공작의 알이 나오기도 했다.

그 다음에 중심 요리가 나오는데 첫 번째 순서로 살찐 어린 닭과 암퇘지 요리, 토끼 요리, 후추 양념을 뿌려 맛을 더한 구운 생선 요리가 나온다. 엔콜피우스는 보통의 경우 여기서 더는 한 입도 먹을 수 없이 배부르다고 설명한다. 두 번째 요리에는 쟁반에 수멧돼지 고기와 함께 그 옆 바구니에는 시리아산 대추와 이집트산 대추가 각각 담겨 나온다. 그 다음으로 통돼지 요리가 나온다. 이것을 옆으로 눕혀서 조각조각 자르자마자 피순대를 이용한 소시지가 만들어진다. 그리고 200파운드짜리 접시에 삶은 송아지 요리가 나오는데 이를 손님들에게 나누어줌으로써 중심 식사가 끝이 난다. 중심 식사 시간엔 너나 할 것 없이 남의 눈을 피해 조용히 화장실을 들락날락한다. 이는 먹은 음식을 토해내야만 다음의 음식을 먹을 수 있기 때문이다.

이제 마지막 후식이 나올 차례이다. 후식에는 샤프란 향료가 첨가

된 과자가 나오고 건포도와 호두로 채워진 티티새와 뾰족한 나뭇잎들이 꽂혀 있어서 고슴도치 모습을 하고 있는 유럽모과가 나온다. 후식 후에는 시식용 굴과 조개 그리고 은 석쇠 위에 얹은 달팽이 요리로 입가심을 하기도 하였다.

이렇게 부요한 사람들의 음식 향연은 작게는 50명 많게는 150명에 이르는 노예의 몸값보다 많은 비용이 들어간 사치스러운 밥상이었다. 그러나 이는 하루 저녁에 흥청망청 지나치게 먹고 취하고 토해내고 또 먹는 병든 밥상이었고 부자들의 끝없는 탐욕의 음식문화는 향락중독성의 만찬이었던 것이다. 그들은 피를 불러온 침략전쟁을 수없이 반복하여 영토를 넓혀갔으며 전쟁의 포로들을 노예로 만들어 약 20만 명의 노예가 로마에서 짐승처럼 살아가고 있었다. 전쟁과 함께 그들의 성적(性的)인 쾌락과 환락의 삶을 위해서 목욕문화가 발달하였고 초호화판의 밥상으로 흥청망청 먹고 마시고 토해내는 음식문화는 '로마의 평화'라 불렸다. 예수 당시 헤로데스 안티파스의 만찬도 로마의 밥상을 모방한 화려한 밥상이었을 것이다.

그런데 헤로데스 안티파스가 차린 축하연의 밥상은 자신의 이복형제 빌립 1세의 아내인 헤로디아를 아내로 맞이한 일에 대해 그들의 반윤리적인 죄성을 폭로한 세례 요한을 사정없이 체포한 반신앙적 밥상이었다. 특히 마가복음은 화려한 옷으로 치장한 헤로데스의 모습이야말로 폭군의 모습임을 더욱 강조한다. 헤로데스는 어떻게 하면 체포한 세례 요한의 입을 막을 수 있을까를 고심하면서 갈릴리와 베뢰아 민중들의 폭동이 일어날까봐 두려운 마음으로 지켜보던 병든 밥상이었다.

헤로데스가 마련한 축하연의 밥상 이면에는 백성들의 목을 죄여온 반강제적인 세금과 백성들이야 죽든 말든 자신의 통치를 세상에 알리기 위해 거대하고도 화려하게 지어올린 왕궁의 어두운 그림자가 담겨 있었다. 그러므로 그의 밥상은 한마디로 억압과 착취의 산물이었다. 헤로디아를 위해 준비한 헤로데스 안티파스의 밥상의 절정에 살로메의 춤이 한판 벌어졌다. 말 못할 흥분과 감동을 받았던 헤로데스는 살로메에게 그녀의 소원을 물었고 무엇이든 말하는 것은 다 들어주겠다고 약속을 하였다. 결국 잔치의 절정의 순간에 그녀의 소원대로 세례 요한의 목이 올라왔기에 헤로데스의 축하연은 문자 그대로 생명 죽임의 잔치요, 죽음의 밥상이 되고 말았다.

나눔으로 시작되는 생명의 밥상

우리의 관심을 끄는 것은 마가복음에 나타난 오병이어의 기적에 대한 마가의 증언이다. 헤로데스의 잔치 이야기 바로 뒤에는 예수께서 성인 남자 5,000명을 먹인 오병이어 기적의 밥상 이야기가 이어지는데 (막 6:30-44) 어린이와 성인 여성을 포함하면 1만 명도 훨씬 넘었을 것이다.

마가복음에 따르면 사도들은 전도여행에서 돌아와 자기들을 통해 일어난 하나님의 크신 권능을 체험한 것과 동시에 여러 장애물에 부딪히기도 한 것을 하나씩 둘씩 예수께 보고드렸다. 그런 후에 예수께서는 그곳을 떠나 조용한 곳에서 쉬고자 하셨는데 그것은 찾아오는 사람들이 많아 식사할 겨를이 없었기 때문이다. 예수님과 제자들은 배를 타고 한적한 곳을 향해 떠났다. 그러나 사람들은 사방에서 달려나와 해변 길을 떠나 예수님보다 먼저 그곳에서 기다리고 있었다. 예수께서는 배에서 내려 많은 군중들이 모여 있는 것을 보시고 마치 길을 잃어버린 목자 없는 양과 같은 그들을 측은히 생각하여 그들에게 많은 것을 이야기하기 시작하셨다. 아마 '하나님을 의지하며 사는 믿음의 길'이 무엇인지 '진리'가 무엇이며 '행복한 참된 삶'이 무엇인지를 말씀해주시고, 이야기를 통하여 율법을 쉽고도 재미있게 재해석하여 주셨을 것이다. 그들은 시간가는 줄도 모르고 예수님의 말씀을 경청하다가 그만 끼니 때를 놓치고 말았다.

제자들은 하나같이 예수님을 향해서 여기는 외딴 곳이어서 이 많은 사람들이 먹을 것이 아무것도 없으며 늦은 시간이어서 도저히 음식을 구할 길이 없으므로 모인 사람들이 제각기 음식을 사먹도록 마을이나 농가로 보내는 것이 좋겠다고 말씀드렸다. 이에 예수께서는 "너희가 먹을 것을 주라"고 말씀하셨다. 제자들은 놀라고 당황한 표정으로 "무엇을 가지고 먹입니까? 이 많은 사람들이 먹을 만큼 사오려면 200데나리온은 있어야 합니다."라고 대답하였다. 그러자 예수께서는 "지금 가지고 있는 음식이 얼마나 되느냐? 가서 알아보아라."고 말씀하셨다.

요한복음에 의하면 예수님은 제자 중에서 가장 이성적이며 논리적인 빌립에게 "이 많은 사람들을 모두 먹일 만한 음식을 구할 수 있느냐"고 물으셨고 빌립은 "이 사람들을 다 먹이려면 200데나리온어치의 떡을 사온다 해도 부족할 것입니다."라고 답변하였다. 그때 제자 중에서 가장 발 빠른 행동파였던 베드로의 동생 안드레가 군중 속으로 들어가 누가 무엇을 가지고 있는지 알아본 후에 "여기 이 아이가 보리떡 다섯 덩어리와 물고기 두 마리를 갖고 있습니다. 하지만 이것으로 어떻게 이 많은 사람들을 다 먹일 수 있겠습니까"라고 예수께 말씀드렸다.(요 6:1-9) 예수께서는 모든 사람으로 하여금 50명씩, 100명씩 떼를 지어 풀밭에 앉게 하신 후 손을 얹어 감사의 기도를 드린 다음 보리떡과 물고기를 사람들에게 나누어 주게 하셨다. 그랬더니 성인 남자 5,000명이 먹고도 열두 광주리가 남았다는 것이다.

우리는 여기서 제자들이 생각한 빵 곧 밥상에 대해서 잠시 생각해 보아야 한다. 제자들이 하는 말은 논리적이고 지극히 인간적인 것으로 보인다. 여기는 외딴 곳이고 시간도 늦었으니 제각기 음식을 사먹도록 농가나 근처 마을로 사람들을 보내는 것이 좋겠다는 것이다. 이 말은 언뜻 보면 사람들을 생각해서 하는 말 같지만 실상은 "이 많은 사람들의 굶주림을 무슨 수로 해결하겠습니까? 제각기 음식을 사서 먹든지 말든지 알아서 하게 내버려둘 수밖에 없지 않습니까?"라는 생각이 담겨 있는 것이다. 그렇지만 하나님이 통치하시는 하나님 나라의 논리는 그것과는 전혀 다른 것이다. 예수께서는 그들에게 "너희가 먹을 것을 주어라."고 말씀하신다. 이에 대해 "그러면 우리가 가서 200데나리온어치나 사다가 먹이라는 말씀입니까?"라고 말한 제자들의 대답은 너무나 당연한 대답이며 오늘 우리의 대답을 그대로 반영한 것이다.

오늘의 세계에서 극빈의 가난으로 굶주림과 질병으로 하루에도 수만 명씩 죽어가는 사람들이 먹을 것을 살 돈을 어디서 구한단 말인가? 예수님의 논리는 여기는 외딴 곳이고 그 많은 음식을 사올 돈도 없으니 제각기 알아서 먹게 하자는 논리가 아니었다. 예수님의 해결책은 '사오는 것'이 아니라 '나누는 것'이었다. 지금 가지고 있는 것이 지극히 작은 보리떡 다섯 덩어리와 물고기 두 마리이지만 나 자신이 가지고 있는 것은 다른 사람들과 나누어야 할 나눔의 음식이며, 이러한 나눔의 행위가 곧 기적을 이룬다는 것이다.

불의한 시장경제의 논리에 따르면 마치 헤로데스 안티파스의 만찬처럼 돈 있는 사람들은 갖가지 음식과 향락을 누릴 수 있지만 돈 없는 사람들은 굶어서 죽기까지 한다. 그러나 우리가 살아가는 이 세상과 그리고 우리의 생명을 지탱해주는 물질, 이 모든 것이 다 '하나님의 선물'이기에 모든 사람이 함께 누려야 할 권리가 있는 것이다. 자기의 것이라고 해서 자기 입에만 넣지 말고 배고픈 사람들에게 자신의 것을 내어놓고 나눔으로써 예수님의 기적이 시작된다.

자신의 것을 나누는 나눔의 행위 이것이 첫 번째의 기적이요, 그러한 작은 사랑으로 먹을 것이 너무 많아져 모든 사람이 배불리 먹었으며, 열두 광주리에 넘치게 된 것은 두 번째의 기적이었다. 예수님의 밥상은 헤로데스 안티파스처럼 화려한 옷을 입지 못했어도 그리고 그의 음식처럼 호화로운 음식은 아니었어도 모든 사람에게 생명이 풍성하고 정의가 넘치며 모두가 기뻐하고 넉넉한 평화스러운 밥상이었기에 우리는 이를 예수 그리스도의 생명 살림의 밥상이라 말할 수 있다. 참으로 살맛나는 밥상을 예수께서 보여주신 것이다. 예수님의 오병이어의 밥상은 출애굽 이후 광야에서 체험한 만나의 기적의 밥상처럼 배고픈 모든 사람이 먹은 평등한 하늘의 밥상이었고 모두가 넉넉한 밥상이었으며 그리고 모두에게 임한 하늘의 은총의 밥상이었다.

바로 이것을 위해 마가는 예수님의 오병이어의 기적의 밥상 바로 앞에 헤로데스 안티파스의 죽음의 밥상을 배치한 것이다. 마가와 마태는 헤로데스 안티파스의 밥상과 예수 그리스도의 밥상을 비교함으로써 헤로데스 안티파스의 화려한 밥상의 절정에 놓인 세례 요한의 죽임을 보고서 누구라도 그것이 생명력이 떠난 죽임의 밥상임을 알게 하고자 한 것이다. 그러나 오병이어로 기적을 이룬 예수님의 생명 살림의 밥상을 통해서는 풍성한 생명과 정의와 평화가 넘치는 하나님 나라의 모습을 보여준 것이다.

밥상 공동체로서의 교회

예수께서는 자주 하나님의 나라를 함께 먹는 식탁 곧 함께 먹는 밥상 공동체에 비유하셨다. 또한 예수께서는 하나님의 나라를 잔칫집으로 비유하였고 자신이 친히 잔칫집에서 포도주를 공급(요 2:1-11)하기도 하였다. 예수님의 적대자들이 예수님을 향해 먹기를 탐하고 술 마시기를 좋아하며 세리와 죄인의 친구라고 비난했을 때(막 2:16, 마 11:19, 눅 7:34) 예수께서는 "잔칫집에 온 신랑 친구들이 신랑과 함께 있는데 어떻게 금식할 수 있느냐?"(막 2:19)고 되물으셨다. 예수께서 세리와 죄인들이라고 하는 '오클로스'(ochlos) 곧 소외되고 가난한 사람들과 함께 밥을 먹으며 어울리는 것, 즉 밥상 공동체를 이룩하셨다는 것은 가히 혁명적인 사건이었다. 예수님의 밥상 공동체야말로 생명을 살리고, 정의를 회복하며 평화를 누리게 한 '생명·정의·평화'의 밥상 공동체였다.

그러면 교회란 과연 무엇일까? 교회란 예수 그리스도의 하나님 복음을 믿고, 그의 삶과 죽음과 부활을 통해 성취된 하나님 나라를 선포하며 예수 그리스도의 하나님 나라 운동 즉 '생명·정의·평화'의 밥상 공동체 운동인 것이다. 그러면 예수 그리스도의 밥상 공동체는 어떤 모습이었으며 오늘 우리에게 무엇을 의미하는가?

예수 그리스도의 오병이어의 밥상 공동체에는 특별한 제자들이나 종교인들이 그 구성원이 아니었다. 그의 오병이어의 밥상 공동체에는 사상과 이념이 다른 사람도, 남자도, 여자도, 죄인도, 세리도, 병자들도, 어린이들도 있었으며 그들은 모두 굶주린 사람들이었다. 서광선은 예수 그리스도를, 함께 먹고 억눌리고 소외된 민중들을 따뜻하게 대접하였을 뿐 아니라 “서로 원수 된 자들이 화해와 대화를 위하여 한 자리에 모이는 밥상머리의 주인(초대자)”으로 이해한다. 밥상 공동체의 머리이신 예수께서는 십자가를 지심으로 우리에게 자신의 살과 피 곧 해방-구원의 밥상을 차려주셨고 친히 우리에게 그 밥상의 먹이가 되어 주신 것이다. 계속해서 서광선은 “예수는… 자신을 밥상 공동체의 먹이”로 스스로의 피와 살을 제공하였으므로 “예수는 밥상이요, 밥이요, 밥상의 종”이었다고 한다.

밥상 공동체로서 교회는 단순히 배고픈 사람들을 초청하고 함께 모여 음식을 나누어 먹는 곳이 아니라 밥 속에 담겨 있는 그리스도의 구원과 해방의 뜻을 나누고 동시에 밥 속에 담겨 있는 하나님의 ‘생명·정의·평화’를 실현해나가는 곳이다. 밥상 공동체로서 교회는 십자가를 지심으로 하나님의 뜻에 순종하여 밥상의 먹이가 되어주신 그리스도를 따라 우리 또한 밥상의 먹이가 되자는 신앙운동이기에 이는 교회의 자기혁신운동이다. 또한 밥상 공동체의 교회는 밥상의 밥을 먹음으로써 하늘의 축복을 먹으며 이웃과 공동체의 평화를 위해 ‘밥의 불의’와 싸워나가는 정의운동이요 해방운동이며, 평화운동이요 통일운동이며, 나아가 세계를 살려내고자 하는 하나님의 통치운동 곧 하나님의 ‘생명·정의·평화’ 운동인 것이다.

그렇다면 밥상 공동체로서의 교회는 오늘날 우리와 가장 가까이에 있는 가난하고 소외된 사람들과 기초생활수급자들, 생활고에 허덕이는 노동자들, 농민들, 독거노인들, 조손가정들, 소년소녀가장들, 북한이탈주민들 그리고 결혼하여 한국에 왔다가 가정이 깨어져 홀로 살아가는 다문화가정의 구성원들 모두와 한솥밥을 먹어야 한다. 또한 밥상 공동체로서의 교회는 가난과 굶주림으로 절대빈곤에 처해 있는 북녘의 형제와 자매들을 우리의 형제와 자매들로 받아들여야 한다. 식량위기로 인해 굶주리다 못해 끝끝내 가족들을 살리기 위해 자신의 몸을 팔아버리는 북한의 자매들을 외면하는 교회는 예수께서 바라셨던 밥상 공동체의 모습, 참 교회의 모습이 결코 아니다. 또한 밥상 공동체로서의 교회는 온 가족의 먹을거리를 위해 자신의 딸을 첩으로 팔아버리는 아프리카의 부모들, 먹을거리가 없어 흙으로 빵을 구워먹는 아이티의 사람들, 한국과 일본이 돈을 주고 버리는 쓰레기를 뒤지기 위해 쓰레기 마을을 형성한 필리핀 마닐라 외곽의 극빈자들을 우리의 형제 자매로 받아들여 함께 한솥밥을 먹는 곳이다.

밥상 공동체로서 교회는 지구촌 구석에서 일어나고 있는 내전과 전쟁, 절대적 가난으로 떠돌아다니는 난민들과 자연적 재앙으로 인해 모든 것을 날린 그들을 우리의 형제와 자매로 받아들이며 그들과 음식과 함께 삶을 그리고 그리스도의 사랑을 나누는 곳이다. 밥상 공동체로서의 교회는 '하나님의 형상'을 지닌 인간이 부서지고 있는 현장으로 나아가 함께 나누어 먹으면서 하나님의 '생명·정의·평화'를 실천하는 교회여야 한다. 뿐만 아니라 밥상 공동체로서의 교회는 인간에 의해 부서지고 깨어진 자연생태계를 돌보며 회복하여 그들도 생명과 평화가 넘치는 하나님의 동산이 되게 하며 자연생태계를 포함한 우주적 생명 공동체를 아끼고 돌보며 함께 사랑을 나누며 관리하는 교회여야 하는 것이다.

밥상 공동체로서의 교회는 오늘날 세계적 식량위기의 시대에 가장 구체적인 사회정의의 모습이 바로 음식을 나누는 것임을 인식하는 교회이다. 그리하여 지금까지 배불리 먹던 삶 곧 나 자신만을 생각하며 살아가는 이기주의적인 생각과 삶의 모양을 철저하게 버리고 동시에 절제하고 검소하며 소박한 삶을 살아야 한다. 밥상의 부재로 극빈의 삶을 살아가며 절규하고 있는 그들에게 오병이어를 나누는 어린이의 심정으로 나의 것을 겸허히 나누면서 그들의 눈물을 닦아주어야 한다.

하나님께서 바라시는 하나님의 나라는 작은 것 하나라도 반드시 나누어 가지는 '나눔의 정의'를 통해 모두가 넉넉하고 생명 충만한 삶을 살아갈 수 있는 곳이다. 가장 구체적인 '생명·정의·평화'의 실천은 음식의 나눔에서부터 시작된다. 이것이 오늘에 필요한 음식신앙이요, 음식신학이며, 음식윤리인 것이다.

03

예수께서 가르쳐주신 '주기도'에 나타난 일용할 밥상

예수께서 가르쳐주신 "오늘날 우리에게 일용할 양식을 주옵시고"라는 기도는
어느 '한 사람'을 언급한 것이 아니라 억울하거나 딱한 사정을
하소연하여 도와주기를 바라는 '사람들'을 언급한 것이다.
이는 일용할 양식을 위한 기도는 물론 가난에 짓눌려 눈물을 흘리며
신음하는 타자(他者) 곧 가난한 이웃을 위해 기도하면서
그들과 밥상을 공유하는 것과 밀접한 연관이 있다.

마태복음 5-7장은 산상보훈 또는 산상수훈이라 일컬어진다. 그것은 예수께서 산 위에 오르셔서 전하신 그 말씀과 신앙의 가르침이 기독교 신앙에 매우 중요하고도 값진 교훈이 되기 때문이다. 그중에서 마태복음 6:9-13은 어떻게 기도해야 할지 몰라서 했던 말을 거듭 반복하는 당시 사람들을 향하여 이렇게 기도하라고 가르쳐주신 주님의 기도(The Lord's prayer)이기에 더욱 중요한 의미를 갖는다.

주기도는 75개 헬라어 단어로 구성되어 있고 한글로는 50개 단어로 구성되어 있다. 이 기도에는 예수의 구원 사역의 의미가 함축적으로 담겨 있다. 즉 주기도는 복음서의 요약이라 할 수 있고 예수 그리스도

의 구원사역의 모든 것이 담겨 있다. 그렇기에 테르툴리아누스는 주기도를 가리켜 '복음 전체의 개요', '기도 중의 정수', '기도를 가르치는 기도'라고 말한 바 있다. 마르틴 루터는 "주기도는 하나님이 주신 선물이요, 기도 중의 기도요, 모든 기도의 알파벳"이라고 하였다.

예수께서는 특별히 가르쳐주신 '주기도' 한가운데에서 음식 곧 밥상에 관한 기도를 일러주신다. "오늘날 우리에게 일용할 양식을 주옵시고…."(마 6:11) 예수께서는 하나님께 드리는 기도에 왜 "우리에게 일용할 양식을 주옵시고"라는 '밥상'에 대한 기도를 가르쳐주셨을까? 예수께서 가르쳐주신 '주기도'를 통해서 '일용할 밥상'이 무엇인지를 함께 찾아보는 것은 매우 흥미로운 일이 될 것이다.

남에게 보이고자 하는 형식적인 기도에 대한 교훈

예수님은 왜 기도에 관한 교훈을 주셨을까? 예수님을 힐난하며 비판하던 당시의 바리새파 사람들이나 사두개인들 그리고 율법학자들은 하루에 세 번씩 율법이 요구하는 대로 살아가는 경건한 신앙인들이었다. 뿐만 아니라 그들은 예배생활이나 남을 돕는 구제생활에서 누구에게도 뒤지지 않는 열심 있는 사람들이었다. 그러나 예수님은 그들의 기도를 일컬어 중언부언하는 기도라고 책망하셨으며 또한 그들의 구제를 외식하는 구제요 봉사라고 비판하셨다.

예수님에 의하면 "너희는 일부러 남들이 보는 앞에서 선행을 하는 일이 없도록 하여라. 그렇지 않으면 하늘에 계신 아버지에게서 아무런 상도 받지 못한다. 자선을 베풀 때에는 위선자들이 칭찬을 받으려고 회당과 거리에서 하듯이 스스로 나팔을 불지 말라. 나는 분명히 말한다. 그들은 이미 받을 상을 다 받았다. 자선을 베풀 때에는 오른 손이 하는 일을 왼손이 모르게 하여 그 자선을 숨겨두어라. 그러면 숨은 일도 보시는 네 아버지께서 갚아주실 것이다."(마 6:1-4, 공동번역)라고 말씀하셨다.

이어서 예수께서는 기도에 관한 교훈을 하신다. "기도할 때에도 위선자들처럼 하지 말아라. 그들은 남에게 보이려고 회당이나 한길 모퉁이에 서서 기도하기를 좋아한다. 나는 분명히 말한다. 그들은 이미 받을 상을 다 받았다. 너는 기도할 때에 골방에 들어가 문을 닫고 보이지 않는 네 아버지께 기도하여라. 그러면 숨은 일도 보시는 아버지께서 다 들어주실 것이다. 너희는 기도할 때에 이방인들처럼 빈말을 되풀이하지 말아라. 그들은 말을 많이 해야만 하느님께서 들어주시는 줄 안다. 그러니 그들을 본받지 말아라. 너희의 아버지께서는 구하기도 전에 벌써 너희에게 필요한 것을 알고 계신다."(마 6:5-8, 공동번역)

이런 각도에서 누가복음 18장에 나타나는 바리새인의 기도와 세리의 기도를 보면 빈말을 늘어놓는 외식적인 기도가 어떤 것인지 더욱 극명하게 나타난다. "하나님이여 나는 다른 사람들 곧 토색, 불의, 간음을 하는 자들과 같지 아니하고 이 세리와도 같지 아니함을 감사하나이다. 나는 이레에 두 번씩 금식하고 또 소득의 십일조를 드리나이다."라는 바리새인의 기도는 당시의 경건한 히브리인들에게는 당연한 기도요 당당한 고백적 기도였다. 그러나 예수께서 문제를 삼은 것은 그의 기도가 하나님께 드린 기도가 아니라 사람들에게 보이기 위한 형식적인 기도라는 것이었다. 여기에 문제가 있는 것이다. 반면 많은 사람들에게 손가락질을 받는 세리는 조용히 죄를 자복하면서 울며 하나님 앞에 서서 "하나님이여 불쌍히 여기소서. 나는 죄인이로소이다."

라는 기도만 드리고 있다. 세리의 기도는 자신을 하나님께 내어맡기며 드린 기도였기에 예수님은 그의 기도를 더욱 칭찬하신 것이다.

예수께서는 이런 관점에서 단순하면서 내용이 함축되어 있는 기도 곧 간단하면서도 신앙의 내용이 담긴 기도 그리고 기도한 내용에 따라 실천하며 살아갈 수 있는 기도를 우리에게 가르치신 것이다.

주께서 가르쳐주신 기도

'주기도', 주께서 가르쳐주신 기도는 마태복음과 누가복음에 나타난다. 마태복음의 주기도가 당시의 회중에게 기도의 내용을 바르게 가르치기 위하여 잘 정리되어 있는 기도라면 누가복음에 나타난 주기도는 기도의 중요한 내용을 언급하고 있는 것이 특징이다.

하늘에 계신 우리 아버지여 이름이 거룩히 여김을 받으시오며 나라가 임하오시며 뜻이 하늘에서 이루어진 것 같이 땅에서도 이루어지이다 오늘날 우리에게 일용할 양식을 주옵시고 우리가 우리에게 죄지은 자를 사하여 준 것 같이 우리 죄를 사하여 주옵시고 우리를 시험에 들게 하지 마옵시고 다만 악에서 구하옵소서(나라와 권세와 영광이 아버지께 영원히 있사옵니다. 아멘. 마 6:9-13)

아버지여 이름이 거룩히 여김을 받으시오며 나라가 임하시오며 우리에게 날마다 일용할 양식을 주시옵고 우리가 우리에게 죄지은 모든 사람을 용서하오니 우리 죄도 사하여 주시옵고 우리를 시험에 들게 하지 마시옵소서(눅 11:2-4)

마태복음과 누가복음에 나타난 주기도는 크게 두 부분으로 구분된다. 첫째 부분은 '하나님의 이름, 하나님의 나라, 하나님의 뜻'이 바르게 받들어지고 바르게 실현되기를 탄원하는 기도, 간구하는 기도이다. 둘째 부분은 '우리의 음식, 우리의 죄에 대한 용서, 우리에게 닥쳐오는 유혹으로부터의 보호'를 간구하는 '우리 기도'(we prayer)이다. 그것은 마치 '10계명' 중에서 제1계명부터 제4계명까지는 하나님과의 수직적 관계에 관련되는 계명이요, 제5계명부터 제10계명까지는 인간과 인간, 인간과 피조물 간의 관계를 규정하는 계명이라는 점에서 서로 상응한다.

주기도의 둘째 부분인 '우리 기도'의 세 가지 내용을 우선 생각해볼 필요가 있다. 왜 예수님은 우리가 간구하고 싶은 수많은 내용과, 또 간구해야 할 더 시급한 일들이 있을 법한데, "우리의 일용할 양식, 우리의 죄의 용서, 우리를 시험과 악으로부터 보호해주심", 그 세 가지를 기도하라고 가르치셨을까? 거기에는 깊은 뜻이 있을 것이다. 그 탄원의 기도는 땅에 대한 기도 그리고 인간과 그들의 필요에 대한 탄원의 기도이다. 다시 말해서 주기도의 둘째 부분은 삶에 필요한 빵(밥), 동료들의 잘못에 대한 용서, 유혹에 대한 힘 그리고 악으로부터의 구속 등이다. 이 구절들은 그 이전의 탄원보다 길고 그 음조는 인간의 삶 속에서 일어나는 고뇌에 대한 부분을 담고 있다.

주기도에 나타난 일용할 밥상

'주기도' 중간에 나오는 기도는 "오늘날 우리에게 일용할 양식을 주옵시고"이다. 주기도에 나타난 일용할 밥상은 조지아 크리스천 대학교에서 펴낸 『주님이 가르쳐주신 기도』라는 책의 내용을 많이 참고하였음을 밝힌다. 특히 조지아 대학교 교수로 계시는 장종식 박사와 나눈 대화 속에서 큰 영감을 받았음을 이야기하지 않을 수 없다.

"오늘날 우리에게 일용할 양식을 주옵시고," 공동번역에는 "오늘 우리에게 필요한 양식을 주시고"라고 번역되어 나온다. 마태복음에는 오늘날(this day)로 기록되어 있으나 누가복음 11:3에는 날마다(day by day)로 기록되어 있다. 마태복음이나 누가복음에서 사용하는 '일용할'(daily)이란 헬라어는 '에피우시오스'(epiousios)로서 마태복음과 누가복음의 주기도 단락에서 두 번 사용되었다. 이는 오늘이라고도 해석할 수 있고, 내일과 같은 미래지향적인 의미로도 해석이 가능하다.

"일용할"이란 말은 두 가지로 해석할 수 있는데 하나는 "오늘날 우리에게 일용할 양식을 주시옵소서"처럼 오늘날을 강조하는 것과, 다른 하나는 주로 가톨릭교회에서 사용하는 벌게이트(Vulagate) 성서에 따라, 초본질적인 양식 또는 음식을 뜻한다. 그래서 그들은 "우리에게 오늘 초본질적인 매일의 양식을 주시옵소서"라고 번역하고 있다.

"오늘날"을 뜻하는 '에피우시오스'는 'epi'라는 말과 'ousios'라는 말로 구성되어 있는데 'epi'는 위 또는 앞이라는 말이며, 'ousios'는 '에이미'(eimi)라는 말로서 '존재'(being)라는 말과 '이에나이'(ienai)라는 '오기' 혹은 '가기'라는 뜻이 담겨 있다. '에이나이'의 여성현재분사형이 '우사'(ousa)이고 '이에나이'의 여성현재분사형이 '이우사'(iousa)이다. 여기서 문제가 되는 것은 'i'의 차이인데 'epi'가 '에이나이'(einai)라는 있음과 연결된 '에피우시오스'는 현재 있는 것과 연관이 있는 반면에 'epi'란 말에 동사 '이에나이'(ienai)와 결합될 때의 '에피우시오스'는 앞으로 올 것과 연관시켜 해석해야 하는 것이다.

만일 에피우시오스를 '존재'라는 말과 연결시켜 해석할 경우, 예수 그리스도의 기도에 나타난 "일용할"의 의미는 세 가지로 해석할 수 있을 것이다. 첫째, 생물학적으로 몸에 필요한 양식을 얻기 위해서 기도해야 한다는 말이며 더 나아가서 오늘의 삶이 지속되도록 하기 위하여 매일의 양식이 떨어지지 않도록 간구한다는 의미가 된다. 따라서 일용할 양식은 영적인 의미에서의 영혼의 양식이 아니라 생물학적 차원에서 몸에 영양을 공급하여 생명이 살아갈 수 있도록 간구한다는 뜻이다.

둘째, 우리 인간을 하나의 본질적인 존재로 볼 때, 하나님께서 코에 생기를 불어넣어 창조하신 영적인 존재로서 양식을 간구한다는 의미로 해석할 수 있다. 여기서 일용할 양식은 단순히 사람의 몸에 영양을 공급하기 위한 양식이라기보다는 영적이고 초월적인 인간이기에 영적인 성장과 영향을 위한 영의 양식을 간구한다는 것이다.

셋째, 가까이에 있는 양식, 손에 담을 수 있는 양식을 위해서 기도한다는 의미로도 해석할 수 있다. 즉 기도자가 사치스럽고 값비싼 양식이 아니라 누구나 가까이 할 수 있는 평범하고 단순하게 구할 수 있는 양식 그러나 꼭 필요한 양식을 간구한다는 뜻이기도 하다.

그러나 에피우시오스를 '오기' 곧 '앞으로 올 것'과 연관 지어 해석하게 되면 그것은 내일의 양식을 위해 간구한다는 의미로 해석할 수 있다. 그렇게 되면 '존재'와 연결시켜 해석하는 것과는 다른 세 가지 의미로 해석된다.

첫째, 기도자가 아침에 "오늘날 일용할 양식"이라는 기도를 드릴 때 이는 다가오는 그날의 양식이라는 뜻이 된다. 그러나 기도하는 자가 저녁에 "오늘날 일용할 양식"이라는 기도를 드리면 이는 그 다음날의 양식을 의미하는 것으로 해석할 수 있다. 그렇게 되면 "내일 일을 위하여 염려하지 말라 내일 일은 내일 염려할 것이요 한 날에 괴로움은 그날에 족하니라"는 예수 그리스도의 말씀과 모순이 되고 만다는 점에서 문제가 있다.

둘째, 이러한 약점을 보완하기 위하여 "오늘날"을 종말론적 마지막 날로 해석하여 이해하기도 한다. 즉 하나님 나라를 희망하며 그날에 참여하게 될 기대와 간구로서 양식을 간구한다는 뜻으로 사용되는 것이다. 가톨릭교회는 오늘날에 관주해석을 첨가하여 오늘날 영적인 양식 곧 초본질적인 양식이라는 구절을 삽입하여 해석하기도 한다.

셋째, 에피우시오스는 미래와 관련하여 종말론적인 내일을 위한 떡을 위해 간구한다고 해석할 수도 있지만 주기도의 간구는 하늘의 것을 간구한다기보다는 우리 인간의 필요를 만족할 수 있는 오늘 우리의 양식을 간구하고 있다고 볼 수 있다. 당시의 경제적 상황을 감안하면 오늘날의 양식은 단순히 종말론적인 양식이 아니라 오늘의 현실에 먹어야 하는 꼭 필요한 양식으로 해석해야 한다.

성서학자 크로스비(Crosby)는 지금까지의 해석과는 전혀 다른 각도에서 접근하면서 "오늘날"을 새롭게 설명하고 있다. 그는 당시의 사회와 문화를 통해 주기도를 새롭게 해석했다. 당시의 팔레스타인은 로마제국으로부터 지배를 받고 있었기 때문에 팔레스타인의 모든 사회·문화제도는 하류층 천민, 불결한 직업을 지닌 노동자, 가난한 농민으로부터 사제 그룹과 귀족 그리고 최고의 황제로 이어지는 위계적 질서와 위계적 문화에 의해 지배되고 있었다.

당시의 이러한 사회·문화 속에서 평민들이나 하류 계층 사람들의 모습을 보면 주기도를 이해하는 데 더욱 도움이 될 것이다. 당시의 하류 계층 사람들과 평민들은 매일 일찍 일어나 '평민 문안인사'(client salutio), 즉 귀족의 집에 들러서 일종의 아침 인사를 드리는 것으로 하루 일과를 시작했다. 그들은 귀족들이 원하는 것이라면 무엇이든 그 일을 처리해야 했다. 그래야 그 대가로 하루의 빵(밥)이나 식사를 해결할 수 있었던 것이다.

이러한 사회·문화적 관계 즉 귀족-평민(평민과 함께 하층 계류)의 관계성을 생각하면 "오늘날 우리에게 일용할 양식을 주옵시고"라는 기도는 매우 깊은 의미를 담고 있음을 알 수 있다. 예수 그리스도의 주기도는 음식을 위해 간구하고 탄원하는 대상이 황제를 중심으로 한 신이 아니라 천지를 창조하시고 우리에게 생명을 부여하여 주신 생명의 하나님이었다. 이처럼 하나님께 일용할 양식을 간구한다는 것은 당시의 사회에서는 가히 사회 개혁적이고도 혁명적인 기도라고 볼 수 있는 것이다.

그러므로 크로스비는 '에피우시오스'를 '우리가 필요한 것'으로 해석하고 '매일'의 양식이나 빵을 위해 탄원하는 행위는 결국 우리가 하나님 앞에 서 있는 존재라는 것을 알려주고 있다고 주장한다. 크로스비는 매일의 양식을 위해 간구하는 모습의 평민-귀족의 관계는 산상수훈에 잘 나타나 있다고 한다. "구하라 그리하면 너희에게 주실 것이요 찾으라 그리하면 찾아낼 것이요 문을 두드리라 그리하면 너희에게 열릴 것이니 구하는 이마다 받을 것이요 찾는 이는 찾아낼 것이요 두드리는 이에게는 열릴 것이니라 너희 중에 누가 아들이 떡을 달라 하는데 돌을 주며 생선을 달라 하는데 뱀을 줄 사람이 있겠느냐 너희가 악한 자라도 좋은 것으로 자식에게 줄 줄 알거든 하물며 하늘에 계신 너희 아버지께서 구하는 자에게 좋은 것으로 주시지 않겠느냐."(마

7:7-11) 크로스비는 이와 같은 성서의 말씀을 토대로 주기도의 "오늘" 이라는 의미가 "매일매일의 필요한 양식"이라고 해석해냈다.

예수께서 차리신 일용할 밥상

일용할 양식 곧 빵(밥)은 헬라어로 아토스이고 라틴어로는 파니스(panis)이다. 영어의 빵은 원래 조각이나 소량이라는 의미를 가지고 있다. 이것을 음식에 적용하면, 일반적으로 빵 조각을 의미한다고 볼 수 있다. 따라서 식탁 위에 있는 여러 사람에게 분배되기 위하여 큰 빵 덩어리가 쪼개져야 하는 것이다. 예수께서 큰 빵 덩어리를 들어 축사하신 후에 그것을 쪼개어 나누어주었더니 결국 남은 빵 조각이 열두 바구니가 되었다는 오병이어의 기사를 우리는 잘 알고 있다.

성서에서 빵은 다양한 의미를 갖는다. 우선 구약성서에 의하면, 빵을 먹고 식사를 한다는 것은 단순히 생명의 필수적인 수단이라는 차원이 아니라 사람 사이의 교제를 원활히 하는 기회를 제공한다는 의미이다. 뿐만 아니라 빵의 나눔은 생명의 나눔이요 가난한 이웃과의 빵의 나눔은 하나님에 대한 신앙의 행위이기도 하다. 보프(Leonardo Boff)는 빵 곧 일용할 양식으로서의 밥은 하나님과 인간의 양자 앞에서 있는 위치를 점유하고 있다고 강조한다. 그러므로 음식은 하나님과 인간 사이에 만나고 사랑을 나누며 봉사하는 매개 역할을 하는 가장 중요한 신앙의 행위라고 한다.

신약성서 특히 공관복음에 나타나는 빵도 구약성서와 거의 같은 뜻을 가지고 있음을 알 수 있다. 특히 예수님의 생애에서 함께 식사를 하는 공동의 식사는 그 어느 것보다 중요한 의미를 지닌다. 금욕주의

자인 세례 요한과 달리 예수께서는 그의 친구들은 물론 당시 사회에서 죄인으로 규정된 직업을 가진 사람들과 세리들과 창기들과도 함께 '빵 나눔'이라는 식탁 교제 곧 밥상 공동체를 함으로써 형제자매애, 곧 모두가 거룩한 하나의 공동체임을 나타내곤 하셨다. 예수의 식탁 공동체에 빵 곧 양식은 먹고 마시는 물질적인 요소를 넘어 사람과 사람 사이를 그리고 사람과 하나님 사이를 더욱 가깝게 하는 없어서는 안 될 하나님의 선물인 것이다.

신약성서에 나타난 빵의 의미를 다음의 세 가지로 요약할 수 있다. 첫째, 빵이라는 양식은 평범하고 기초적인 생명의 공급원을 의미하는 식량의 의미가 있다. 둘째, 빵이라는 양식은 삶의 필수물이라는 것이다. 셋째, 빵이라고 하는 양식은 하나님께서 통치하시는 종말론적인 하나님 나라, 잔치와 만찬과 축제를 통해 모두가 함께 기뻐하고 모두가 함께 즐겁게 살아가는 하나님 나라의 모습의 참 요소임을 보여주고 있다.

그렇기에 예수 그리스도의 주기도에 나타난 "오늘날 우리에게 일용할 양식(음식)을 주옵시고"라는 탄원의 기도에서 빵 곧 음식을 구하는 주체는 '개인'이 아니라 일인칭 복수 '우리'이다. 음식의 필요는 개인적인 문제이지만 그 개인이 만족하고 기뻐하고 참된 인간의 삶을 살아내기 위해서는 우리 모두가 함께 '생명의 풍성함'(life in fullness)을 영위해야 하기 때문이다. 마치 구약성서에 나타난 만나의 밥상처럼 우리 모두가 넉넉하고 우리 모두가 만족하고 우리 모두가 평등하게 살아가는 '우나 상타'(una Sancta) 곧 '거룩한 하나의 공동체'가 되어야 하는 것이다.

우리는 예수 그리스도께서 사용한 일인칭 복수 곧 "오늘날 '우리'에게 일용할 양식을 주옵시고, '우리'에게 죄지은 자를 사하여 준 것 같이 '우리'의 죄를 사하여 주옵시고, '우리'를 시험에 들게 하지 마옵시고"에 주목할 필요가 있다. 그것은 탄원을 기원하고 있는 '한 사람'을 언급한 것이 아니라, 억울하거나 딱한 사정을 하소연하여 도와주기를 바라며 탄원을 하는 '사람들'을 언급하고 있는 것이다. 이것은 일용할 음식을 위한 기도와 어려움에 짓눌려 눈물을 흘리며 신음하는 타자(他者) 곧 남을 위해 기도하는 것이 결코 무관하지 않음을 보여준다. 그러므로 예수 그리스도의 주기도에 차려진 일용할 밥상은 경제적 가난으로 밥상을 제대로 차릴 수 없는 '너'라고 하는 이웃들과 함께 그것을 공유해야 함을 암시하는 기도이다. 주기도를 가르쳐주신 예수 그리스도께서는 "네 이웃을 네 몸과 같이 사랑하라"고 말씀하신다. 예수님은 가난한 그 이웃과 함께 일용할 양식을 나누는 거룩한 공동체로 우리를 부르신다.

이웃이란 가족도, 친척도, 직장에서 함께 일하는 사람도 의미하지만 성서의 이웃은 보다 깊은 차원의 이웃을 의미한다. 능력이 있어도 기회가 없어 절망한 사람들, 절망에 항거할 능력과 의욕마저 잃어 자기를 포기한 사람들, 나아가서 인종과 국경을 초월하여 전쟁으로 울부짖는 사람들, 난민들의 틈에서 신음하는 사람들, 극빈의 가난으로 끼니를 잇지 못해 눈물을 흘리다가 끝끝내는 굶주림으로 죽어가는 사람들, 개발과 물질문명으로 발생한 자연생태계 파괴와 그 결과 기후온난화로 일촉즉발의 위기 앞에 놓인 지구적·우주적 생명 공동체들도 잃어버린 양 한 마리일 수 있다. 예수님은 "지극히 작은 자 하나에게 한 것이 곧 나에게 한 것"이라고 말씀하신다. 그것은 곧 하나님이 계신 곳이란 지금도 신음하고 절규하면서 울부짖는 익명의 지극히 작은 자들이 있는 곳이며, 하나님이 기뻐하시는 곳은 그들과 식탁을 나눔으로써 하나님의 나라를 실현해나가는 그곳이다.

바로 그 이웃들이 우리를 참 인간 되게 하는 하나님의 선물이다. 그 익명의 이웃들이 나를 진실되게 만든다. 그러한 이웃이 없는 경제, 신음하는 이웃이 없는 정치, 절규하며 울부짖는 이웃을 향해 귀 막고 눈 감고 있는 종교, 그것들이 오늘을 더욱 오염시키며 공허하게 만들고 있다. 이것은 바로 오늘 우리로 하여금 주님께서 가르쳐주신 그 주님의 기도를 기도 되게 하지 못하게 하는 것이다.

우리는 너무 쉽게 주기도를 외우거나 아무런 뜻도 없이 암송할 때가 많다. 종교개혁자 마르틴 루터는 "주기도야말로 최대의 순교자"라고 강조한 바 있다. 이제 남미 우루과이에 있는 어느 작은 교회의 벽에 적혀 있는 <주기도문을 쉽게 하지 마라>는 기도의 뜻을 마음속 깊이 되새겨 보자.

> "하늘에 계신"이라고 하지 마라.
> 세상일에만 빠져 있으면서…
> "우리"라고 하지 마라.
> 너 혼자만 생각하며 살아가면서…
> "아버지"라고 하지 마라.
> 아들딸로 살지 않으면서…
> "이름이 거룩히 여김을 받으시오며"라고 하지 마라.
> 자기 이름을 빛내기 위해 안간힘을 쓰면서…
> "나라가 임하옵시며"라고 하지 마라.
> 물질 만능의 나라를 원하면서…

"뜻이 하늘에서 이루어진 것 같이 땅에서도 이루어지이다"라고 하지 마라.

내 뜻대로 되기를 기도하면서…

"오늘날 우리에게 일용할 양식을 주옵시고"라고 하지 마라.

죽을 때까지 먹을 양식 쌓아두려 하면서…

"우리가 우리에게 죄지은 자를 사하여 준 것같이 우리의 죄를 사하여 주옵시고"라고 하지 마라.

누구에겐가 앙심을 품고 있으면서…

"우리를 시험에 들게 하지 마옵시고"라고 하지 마라.

죄지을 기회를 찾아다니면서…

"다만 악에서 구하옵소서"라고 하지 마라.

악을 보고도 아무런 양심의 소리를 듣지 않으면서…

"아멘"이라고 하지 마라.

주님의 기도를 진정 나의 기도로 바치지 않으면서…

04

마리아와 마르다, 두 여제자가 마련한 헌신의 밥상

"주는 그리스도시요 세상에 오시는 하나님의 아들"임을 고백한 마르다는
가부장적인 전통 속에서 생명을 돌보고 생명을 살려내는 어머니의 가슴으로
예수님의 일행을 따뜻하게 환대하며 섬기고 봉사한 제자였다.
언니 마르다와는 달리 마리아는 부엌에 들어가 음식을 준비하기보다는
신령한 앞치마를 걸치고서 참 삶과 구원의 밥상을 차려주신
예수 그리스도의 식탁에 참여했다. 그러므로 오늘날 우리에게 요청되는 신앙은
마르다적이면서도 마리아적인 신앙인 것이다.

2,000년의 기독교 역사를 통해서 볼 때, 우리 남성들은 성차별의 유전인자(DNA)를 지닌 채 여성들이 하나님의 나라를 향해 나아가는 이웃이요 친구이며 동역자임을 전혀 인식하지 못하고 지내온 것이 사실이다. 아직도 여전히 성차별이라는 죄성의 원죄가 우리 사회 깊숙이 뿌리내려져 있음을 본다. 어디 우리 사회뿐인가? 교회 안에서도 성차별은 곳곳에서 쉽게 만날 수 있으며 아직도 여성 지도력이 교회에 제대로 뿌리내리지 못하고 있음을 본다. 특히 신학을 공부하고 있는 여학생들이나 이미 졸업한 여학생들의 진로가 암담할 때 그들을 가르치

는 사람으로서 늘 미안하고도 죄스러운 마음이 든다.

과거 2,000년 동안 교회와 신학을 이끌어온 남성 신학자들은 여성을 어떻게 이해하고 있는지 먼저 살펴볼 필요가 있다. 그래야만 우리의 잘못된 신앙도 바로잡을 수 있으며 우리가 관심을 가지고 있는 마리아와 마르다도 베드로 못지않은 그리고 바울 못지않은 예수 그리스도의 제자였음을 이해할 수 있는 것이다. 여성 신학자인 로즈마리 류터(Rosemary R. Ruether)는 남성 신학자들이 여성을 어떻게 이해하고 있었는지 그녀의 책 『여성-교회』(*Woman-Church*)를 통해 우리에게 보여주고 있다.

2-3세기에 살았던 성자 클레멘트(St. Clement of Alexsandria, 150-220)는 "모든 여성은 자신이 여성이라는 사실을 깨닫고 부끄러워해야 한다."고 했으며, 동시대의 신학자인 테르툴리아누스(Tertullianus, 160-220)는 "여러분, 모든 여인이 아담을 유혹하여 죄를 짓게 한 이브라는 사실을 잊지 마시오. 여인들은 지옥의 문이요, 하나님의 계명을 깨뜨려버린 사람이요, 인류를 멸망의 구렁텅이로 몰아간 장본인입니다. 그러므로 여인들이여, 노예처럼 순종하는 아내가 되시오."라고 말한 바 있다. 4-5세기의 성자 히에로니무스(St. Hieronymus, 340-420)는 "여자는 모든 죄악의 관문이다. 모든 간교함을 갖고 있으며 독사의 독과도 같다."라고 말했는가 하면 동시대의 신학자요 개신교 신학의 초석을 놓은 성 아우구스티누스(St. Augustinus, 354-430)는 "자녀를 가지고 있는 여인들이여, 당신들은 살인자들과 마찬가지의 죄를 범하게 되었다."는 무시무시한 말을 남겼다.

가톨릭 신학의 기초를 닦은 13세기의 신학자인 성자 토마스 아퀴나스(St. Thomas Aquinas, 1225-74)는 "여성은 단지 남성의 조력자요 보조자이다. 그러므로 매사에 남성으로부터 도움을 받아야 한다."고 자신의 여성 이해를 피력한 바 있다. 16세기의 종교개혁자 마르틴 루터(Martin Luther, 1483-1546)는 "여인들이 너무 나약한 나머지 자녀를 출산하면서 죽게 해서는 안 된다. 여인들로 하여금 더 많은 고통의 짐을 지워야 한다."고 역설한 바 있으며 20세기에 개혁신학의 전통을 이어받은 신정통주의 신학의 거장 칼 바르트(Karl Barth, 1886-1968)는 "여인이란 존재론적으로 남성에게 복종해야 하는 것이다."라고 말하였다.

이러한 남성 중심의 사고를 가지고서는 마르다가 준비한 헌신의 밥상의 의미를 파악할 수 없으며 마리아의 참 신앙을 제대로 깨닫지 못할 것이다.

예상치 못한 손님들

누가복음 10:8-42를 보면, 어느 날 예수께서 전도여행을 다니시다가 예고도 없이, 그것도 식사시간쯤 되어 갑자기 마르다와 마리아가 사는 집으로 들이닥치신 것 같다. 추측컨대 예수님과 제자의 무리가 줄잡아 20-30명은 족히 됐을 것이다. 식사시간에 갑자기 들이닥친 예수님 일행을 맞이한 언니 마르다는 매우 당황하여 쩔쩔 맸다. 그러나 예수님과 그 무리를 위해 정신없이 음식을 준비하고 있는 마르다와는 달리 동생 마리아는 언니를 돕기는커녕 예수님의 말씀을 듣기 위해서 아무 일도 하지 않은 채, 예수님 옆에만 앉아 있었다. 그래서 언니 마르다는 예수께 "선생님, 동생 마리아가 나를 좀 돕도록 말해주십시오."라고 이야기하게 되는데, 이때 예수께서는 오히려 언니를 돕지 않는 마리아를 두둔하여 마리아는 좋은 쪽을 택했다고 말씀하셨다.

그런데 지금까지 한국교회는 본문에 나오는 마르다와 마리아 자매에 대해서 "코에 걸면 코걸이 귀에 걸면 귀걸이" 식으로 대충 해석하여 왔다. 대부분의 남성 성서학자들은 마르다와 마리아를 본성적으로 성격이 다른 두 여인이라고 생각한다. 그들은 예수님의 곁에 조용히 앉아 말씀을 경청하는 동생 마리아를 정신적인 것을 추구하는 이상적인 여인이자 신실하고도 믿음이 넘치는 여성 제자로 보았다. 여기에 반해 언니 마르다는 물질적이며 현실적인 것을 추구하는 여인으로 경시되어 왔으며 동시에 영적인 모습이 없는 심술궂은 여인으로 이해되었다. 그리하여 남성 신학자들은 "주는 그리스도요 세상에 오시는 하나님의 아들이신 줄 내가 믿나이다."라는 베드로의 신앙고백과 맞먹는 놀라운 신앙을 고백한 마르다를 인정하지 않은 채, 부엌일과 말씀 듣는 일 사이에 우열을 둠으로써 남성 중심의 질서를 강화시키는 결과를 초래하고 만 것이다. 오늘날 대부분의 남성 목회자들조차 마리아를 더 신앙의 여성으로 인정한다.

흥미로운 것은 중세 이후 가톨릭교회는 마르다를 성숙한 여인으로 그리고 활동적이며 창조적인 여성이라 믿어 오히려 칭찬했다는 것이다. 그들은 마르다에 비해서 마리아가 정신적인 것을 구하기보다는 손가락 하나 까닥하지 않는 편안하고 안락함을 구하기 위해 예수님 옆에 앉은 무언가 미숙한 여성이라고 지적했다. 그러나 종교개혁을 일으킨 마르틴 루터는 오히려 예수님 발 옆에 앉아서 말씀을 듣고 있는 마리아를 신앙의 여성으로 극구 칭찬하면서 언니 마르다의 행위를 비판하였다.

이러한 해석에도 불구하고 오늘의 교회는 성서 전체의 내용을 꿰뚫어보면서 사랑의 실천과 섬김과 봉사의 손길이 없이 말씀만을 경청하는 신앙은 온전한 신앙이 아님을 강조하게 되었다. 그리하여 마르다와 마리아에게서 엿볼 수 있는 훌륭한 신앙의 모습을 칭찬하면서 마르다와 마리아의 행위는 둘 다 꼭 필요한 것이기에 둘 다의 신앙을 강조하기에 이른 것이다.

마리아의 밥상

우리가 마리아와 마르다 당시의 사회·종교적 배경을 알고 이해하면 그들의 모습을 새롭게 발견할 수 있을 것이다. 당시 율법학자들은 "딸에게 율법을 가르치는 사람은 딸에게 방종을 가르치는 것"이라고 말하였으며 "율법을 여인들에게 주는 것보다 차라리 율법을 불 속에 집어넣는 것이 낫다."고 가르쳤다. 그러니까 당시 여성들은 하나님의 말씀을 듣고 배울 기회를 모두 빼앗기고 말았던 것이다. 뿐만 아니라 당시 여성들은 공공장소에 나가서 하나님께 예배도 제대로 드릴 수가 없었다. 심지어는 대문 바깥에 나가는 것까지도 제재를 받았다. 자녀를 낳아 젖을 먹이며 살림을 하는 것만이 당시 여성의 일이었음을 우리는 짐작하여 알 수 있다. 그런데 마리아는 율법의 말씀을 듣고 배우기 위해서, 남자들 사이에 끼여서 말씀을 듣고 있는 것이다. 이것은 당시 사회의 관습, 문화의 장벽을 용기 있게 뛰어넘는 일이었다. 이러한 이유 때문에 여성신학자들은 마리아야말로 진정한 신앙인이라고 말하는 것이다.

그러므로 마리아가 택한 몫이라고 하는 것은 예수님의 말씀을 듣는 것이었다. 누가복음에서 하나님의 말씀을 듣는다고 하는 '들음'은 단순히 청강하는 것이 아니며, 그 말씀을 명상하고 사색하는 것이 결코 아니다. 그것은 철두철미 하나님의 말씀을 듣고 그 뜻을 깨달아 하나님의 뜻을 행하고 실천하는 것을 가리킨다. 당시 자신의 민족이 멸망당할 위기 앞에서 하나님의 뜻을 올바로 깨닫고 그 뜻을 행하는 일은 하나님의 심판을 돌이켜 구원과 생명을 가져올 수 있는 중요한 일이었다. 이러한 하나님의 뜻을 알기 위해서 가장 중요한 일은 무엇보다도 하나님의 말씀을 '듣고' '하나님의 지혜'를 얻는 일이었다.

성서에서 하나님의 말씀을 '듣는 일'은 민족 전체가 사느냐 죽느냐의 문제가 달린 일이다. 신명기 저자는 6:9에서 이스라엘이 하나님의 말씀을 "듣지 아니함"으로 멸망당할 것을 예언하면서 "이스라엘아 들으라!"고 외치고 있다. 오늘도 하나님께서는 우리 인간을 부르시는데, 우리는 아직도 애매모호하게 그리스도를 따르고 있으며 머뭇머뭇하기도 한다. 오늘도 하나님께서는 예수님의 말씀을 통해서 섬김과 봉사를 요청하시며 우리에게 가정과 이웃과 교회와 사회와 지구촌이라는 세계를 맡겨주셨는데 우리는 모두 다 진지하게 말씀을 듣는 일에 나태한 것은 아닌가?

오늘날의 한국교회는 130여 년 전 선교 초기의 너무나 아름다운 전통을 송두리째 잊어버리고 말았다. 장로교 선교사 언더우드는 1900년대 당시 한국교회의 아름다운 모습 중 네 가지를 이렇게 말하고 있다. 첫째, 한국교회는 말씀을 사랑하는 교회(Bible loving), 둘째, 모두 다 가난하지만 열심히 헌금하면서 헌신하는 교회(Money giving), 셋째, 가난한 이웃들을 섬기고 돌보는 교회(Social service), 마지막 넷째로, 민족과 나라를 섬기며 이끌어가는 지도력을 가진 교회(National leadership)라고 말한 바 있다. 그렇다. 선교 초기의 한국교회는 열심히 말씀을 읽고 연구하고 그 말씀에 따라 살아가고자 한 생명력이 넘치는 교회였다. 선교 초기의 한국교회는 마리아처럼 자신의 모든 장벽을 믿음으로 뚫어 나가는 용기를 가지고서 하나님의 말씀을 경청하고 그 말씀을 실천하고자 한 참으로 아름다운 교회였던 것이다.

마르다의 밥상

우리는 이제 신앙이 좀 부족한 사람으로 이해되고 있는 언니 마르다에 대해 새롭게 조명해보면서 마르다의 모습을 정확하게 이해하고자 한다. 우리가 아는 대로 마르다는 아무런 예고도 없이 갑자기 밀어닥친 예수님 일행 때문에 식사 준비를 하느라 정신이 없었다. 분주하게 음식상을 장만하느라 손이 딸려 죽을 지경인데 자신의 동생 마리아는 예수님 곁에 앉아서 그의 말씀만 듣는 것이 좀 못마땅했을 것이다. 그래서 언니 마르다는 참다못해 예수께 양해를 구하였다. 동생으로 하여금 음식을 준비하는 일을 좀 돕게 해달라고 부탁을 한 것인데, 예수께서는 오히려 마리아를 두둔하는 말씀을 하셨다.

예수께서 문제삼은 것은 언니 마르다가 자기의 행위를 내세우고 동생의 행동을 지적하는 그 점이었을 것이다. 예수께서는 마르다의 염려와 걱정이 불필요한 것이며, "가장 필요한 것은 말씀을 듣는 일 그것 하나"라고 말씀하셨다. 그리고 마리아는 그 하나, 말씀을 듣는 '선한 몫'을 택했다고 말씀하면서 어느 누구도 마리아가 택한 '선한 몫'을 빼앗을 수 없다고 하신 것이다.

당시 문화에서 본다면 대부분의 여성들은 말없이 조용하였으며 매사에 수동적이었다. 그러나 마르다만큼은 당시 사회 여성의 모습과는 거리가 있었다. 그녀는 조용하고 가만히 앉아 있는 여성이 아니라 적극적이며 실천적이며 참여적이었다. 그녀는 자신에게 힘들고 어려운 일이 주어졌을 때, 남이 먼저 해주기를 바란 사람이 결코 아니었던 것이다. 그녀는 남보다 한 걸음 앞서서 묵묵히 땀 흘리며 말없이 섬기고 봉사해나간 사람이었다. 그녀는 예수님을 만난 후 자신을 바르게 알고, 남을 귀하게 여기며, 자신에게 부여된 신앙의 일, 그 사명을 위해 혼신의 힘을 다한 사람이었다.

오늘 본문만 보면, 마르다는 부엌에서 음식만 장만하며 말씀 듣는 일을 경시하는 듯한 인상을 풍길지도 모른다. 그러나 요한복음 11:17-27에는 마르다가 마리아보다 훨씬 더 신앙이 강한 사람이요, 훨씬 더 지도력과 영향력이 많은 제자이자 지도자로 묘사되어 있다. 요한복음 11:27을 보면, 마르다는 나사로가 죽었을 때, 예수께서 오신다는 소문을 듣고 얼른 예수께로 달려나간다. 이때 동생 마리아는 나오지 않고 조용히 앉아 있었다. 이제 마르다와 예수 그리스도가 나눈 대화와 함께 베드로와 예수께서 나눈 이야기를 음미해보자.

마르다: 주께서 여기 계셨더라면 내 오라비가 죽지 아니 하였겠나이다 그러나 나는 이제라도 주께서 무엇이든지 하나님께 구하시는 것을 하나님이 주실 줄을 아나이다(요 11:22)

예수: 네 오라비가 다시 살아나리라(요 11:23)

마르다: 마지막 날 부활 때에는 다시 살아날 줄을 내가 아나이다(요 11:24)

예수: 나는 부활이요 생명이니 나를 믿는 자는 죽어도 살겠고 무릇 살아서 나를 믿는 자는 영원히 죽지 아니하리니 이것을 네가 믿느냐(요 11:25-26)

마르다: 주여 그러하외다 주는 그리스도시요 세상에 오시는 하나님의 아들이신 줄 내가 믿나이다(요 11:27)

마르다의 이러한 신앙고백은 참으로 깜짝 놀랄 만한 고백이었다. 그녀는 그 누구도 따라올 수 없는 여성 지도자요 여성 제자였다. 수제자라 이름하는 베드로의 "주는 그리스도시요 살아 계신 하나님의 아들이시니이다"라는 고백과 그 무게와 비중이 같은 신앙고백이었다.

예수: 사람들이 인자를 누구라 하느냐(마 16:13)

제자: 더러는 세례 요한, 더러는 엘리야, 어떤 이는 예레미야나 선지자 중의 하나라 하나이다(마 16:14)

예수: 너희는 나를 누구라 하느냐(마 16:15)

베드로: 주는 그리스도시요 살아 계신 하나님의 아들이시니이다(마 16:16)

예수: 바요나 시몬아 네가 복이 있도다 이를 네게 알게 한 이는 혈육이 아니요 하늘에 계신 내 아버지시니라 또 내가 네게 이르노니 너는 베드로라 내가 이 반석 위에 내 교회를 세우리니 음부의 권세가 이기지 못하리라 내가 천국 열쇠를 네게 주리니 네가 땅에서 무엇이든지 매면 하늘에서도 매일 것이요 네가 땅에서 무엇이든지 풀면 하늘에서도 풀리리라(마 16:17-19)

마르다가 예수님을 향하여 "주께서 여기 계셨더라면 내 오라비가 죽지 아니 하였겠나이다"라고 말하자, 예수님은 마르다를 향해 "네 오라비가 다시 살아나리라"고 말씀해주셨다. 마르다는 예수님의 말씀이 당시의 초상(初喪)을 당한 사람에게 하는 문상의 인사인 줄 알고서, "마지막 날 부활에는 다시 살 줄을 내가 아나이다"라고 단순하게 응답의 인사를 하였던 것이다. 이때 예수께서는 "내가 부활이요 생명이니 나를 믿는 자는 죽어도 살겠고 무릇 살아서 나를 믿는 자는 영원히 죽지 아니 하리니 이것을 네가 믿느냐"라고 다시 질문하셨다. 마르다는 예수님의 말씀을 통해 예수 그리스도야말로 "부활이요 생명이 되시는 주"임을 깨닫고서 "주는 그리스도시요 세상에 오시는 하나님의 아들이신 줄 내가 믿나이다"라는 엄청난 신앙고백을 한 것이다. 그러니까 마르다는 예수 그리스도를 향해 "세상에 오시는 하나님의 아들" 즉 부활의 예수 그리스도를 믿음으로 바라본 것이었다. 이 얼마나 값지고 귀한 신앙고백인가?

이것을 보더라도 마르다는 말씀을 듣는 일을 게을리한 사람이 결코 아니었음을 알 수 있다. 마르다는 예수님의 말씀을 통해 더 깊은 진리의 세계로 한 걸음씩 나아가는 구도자의 모습을 가지고 있는 것이다. 뿐만 아니라 마르다는 요즘의 그리스도인처럼 힘찬 신앙고백은 있으나 아무런 섬김과 봉사가 없는 그러한 얄팍한 껍데기의 신앙인이 아니었다. 그러므로 마르다가 차린 밥상은 한마디로 신앙과 봉사가 담겨 있는 밥상이었고, 바른 실천을 겸비한 신앙이 배여 있는 밥상이었다. 마르다의 밥상, 그것은 예수님의 선교 비용을 담당한 봉사의 마음과 아름다운 손길이 조화를 이룬 섬김의 밥상이었던 것이다. 그렇기에 성서학자들은 마르다를 향해 예수 그리스도를 위해 온몸 다해 섬기고 봉사한 일꾼이었으며 모든 일을 신속하고도 현명하게 처리하며 주위의 모든 사람에게 칭송을 받는 향기로운 여성 지도자였다고 말해준다.

마리아와 마르다의 헌신의 밥상

마리아와 마르다 두 여성이 차리는 밥상이라 할 때, 무엇보다도 우리는 그들이 걸친 앞치마를 먼저 떠올리게 된다. 여성의 앞치마는 음식 준비와 노동 그리고 아이들의 양육을 위한 예비적 단계의 모습을 상상하게 한다. 또한 앞치마를 행주치마로 부르는 유래에서 알 수 있듯이 마을 공동체와 민족을 지켜내기도 했던 절박함의 모습을 떠올리게 한다. 나아가서 앞치마는 가난에서 오는 여성의 애환과 땀 그리고 눈물이 얼룩진 '한'의 상징이며, 가부장적 전통과 죽임의 문화 속에서도 끊임없이 살림의 사명을 지켜내고자 한 여성들의 의지인 것이다.

앞치마를 두르고 밥상을 준비하는 부엌은 여성들의 노동의 공간만이 아니라 생명 나눔의 신령한 장소이다. 또한 부엌의 상징적 의미는 공동체 생명의 연속성을 담보하는 여성의 자궁이며, 생명 양육의 현장인 동시에 생명 돌봄·생명 살림이 있는 사랑과 헌신과 봉사의 장소이다. 부엌이야말로 우주적 모성애가 실제적 삶 속에서 드러나는 생명·평화의 장소인 것이다.

이렇게 볼 때, 갑자기 예고도 없이 들이닥친 수십 명의 손님을 위해 밥상을 차리고 있는 마르다는 가부장적인 전통 속에서 생명을 돌보고 생명을 살려내는 어머니의 가슴으로 섬기고 봉사한 제자였다. 그렇기에 모든 사람에게 인정을 받고 칭찬을 받는 여성 지도자였으며 여성 사도였던 것이다. 언니 마르다와는 달리 마리아는 앞치마를 걸치고서 부엌에 들어가 음식을 준비하는 것보다는 예수님의 말씀을 듣는 일에 최우선적인 선택을 하였다. 다시 말해서 마리아는 신령한 앞치마를 걸치고서 참 삶과 구원 그리고 생명·평화의 밥상을 차려주신 예수 그리스도의 말씀의 식탁에 참여하고 있는 것이다.

사실 마리아의 밥상이 큰 것인지 아니면 마르다의 밥상이 큰 것인지를 따져보는 것은 별로 의미가 없다. 행여나 마르다의 신앙이 더 성숙한 것인지 아니면 마리아의 신앙이 더 깊은 것인지를 따지면서 비교하여 평가한다면 각자가 선택한 중요한 사명을 놓쳐버리게 될 것이다. 언니 마르다도 동생 마리아도 모두 아름다운 봉사와 헌신의 가슴으로 예수님을 영접하면서 주님의 말씀을 듣고 배운 여성 제자요 여성 지도자였다. 마르다와 마리아 둘의 아름다운 손길이 조화를 이룰 때 어머니의 가슴으로 생명을 잉태하고, 양육하고 돌보며, 생명을 살려내는 생명·정의·평화의 나라가 건설될 것이다. 한국 YWCA는 2011년 제38회 총회에서 생명·정의·평화의 새로운 세상을 열어나가기 위해 "생명의 바람, 세상을 살리는 여성 – 돌봄으로 정의, 나눔으로 평화"의 신앙을 강조한 바 있는데 그것이 바로 '마르다'적이면서도 '마리아'적이며 '마리아'적이면서도 '마르다'적인 신앙의 모습이라 믿는다. 마르다와 마리아와 같은 여성들의 생명 돌봄·생명 살림의 앞치마를 통해서 그리고 그들이 준비한 헌신의 밥상을 통해서 하나님의 나라가 더욱더 확장되는 것이다.

05

죄인으로 불리던 세관장 삭개오의 회개의 밥상

예수와 식탁을 함께 한 삭개오는 '주여, 보시옵소서. 내 소유의 절반을 가난한 자들에게 주겠사오며 만일 누구의 것을 토색(討索)한 일이 있으면 사 배나 갚겠나이다.'라고 선언한다. 사실 삭개오의 이러한 행동은 상식적으로 납득하기 어려운 것이다. 그러나 삭개오의 결단은 철저한 회개를 수반한 행동이기에 그가 차린 밥상은 회개의 밥상이라고 할 수 있다.

누가복음 19:1-10은 예수님과 삭개오의 독특한 만남을 소개한다. 예수께서 여리고라는 마을을 지나치실 때 세관장 삭개오는 예수님을 보려고 길거리로 나갔다. 그런데 예수님을 보려는 키가 큰 많은 사람들 때문에 도저히 예수님을 볼 수가 없었다. 키 작은 삭개오는 뽕나무에 올라가서 그곳을 지나치시는 예수님을 보려고 했다. 이는 삭개오의 마음속에 호기심이 발동되어 뽕나무 위에 올라갔다는 뜻이지 회개할 생각을 가지고 뽕나무 위에 올라갔다는 것이 아니다. 그런데 예수님은 삭개오를 향하여 "삭개오야 속히 내려오라."고 말씀하셨고 이어서 "내가 오늘 네 집에 유하여야겠다."라고 하셨다. 이것이 계기가 되어 삭개오의 집에 하나님의 구원이 임하였고 죄인으로 취급받던 삭개오가 아브라함의 자손이 되는 기적 같은 사건이 일어났다.

세관장 삭개오의 외로운 밥상

세관장 삭개오는 그 당시 가장 질시를 받던 세리 집단에 속하였으며 그 무리의 책임자였다. 1세기 팔레스타인의 상황에서 세리는 가장 비난받는 존재였다. 왜냐하면 세리는 로마를 위하여 팔레스타인의 다양한 지역으로부터 세금을 모으는 책임을 지는 유대인으로 그들은 간접세금 곧 통행세(tolls), 조세(imposts) 그리고 관세(customs)를 거두어들였다. 그들은 로마 지배자들의 직접적인 고용상태에 있는 사람들이었으며 특히 세관장은 로마에 정해진 세를 미리 지불한 후에 자기 동족들에게 세금을 부당하게 더 많이 부과함으로 상상도 못할 정도로 폭리를 취하여 부를 마음껏 축적할 수 있었다. 그렇기에 당시의 세리 집단은 부정직하고, 동족의 피를 빨아 먹는 사람으로 또한 로마의 앞잡이인 매국노로 손가락질을 받으며 살았다. 특히 세관장의 경제적 위치는 가장 부요한 사람에 속하였으나 사회적 지위는 이스라엘에서 천민계급으로 분류될 정도로 비난과 미움을 받았다.

성서학자인 요아킴 예레미야스(Joachim Jeremias)는 1세기경 세리의 사회적 지위를 다음과 같이 설명한다.

> 세리의 금고나 세금 징수관의 돈지갑에 든 돈으로 환전하거나 이 돈을 빈민구제기금으로 받는 것은 금지되어 있었다. 그것은 이 돈이 불의한 돈이기 때문이다. 세금 징수관과 세리가 이 직책이나 청부업을 맡기 전에 어떤 바리새파 공동체에 소속되어 있었다면 이들은 공동체에서 제명당했으며, 이 직책에서 물러날 경우에만 다시 공동체의 일원이 될

수 있었다. 세리라는 직업이 극심한 천대를 받고 증오를 받았다는 것은 백성의 여론에만 한정된 일이 아니었다. 이 직업에 종사하는 사람들은 공적으로도 법률에 의해 권리를 박탈당하고 천대를 받았다. 그들은 재판관이 될 수 없었으며 이방인 노예와 마찬가지로 증인으로서 진술할 수 없었다.

요한계시록 18:12-13에 보면, 1세기 로마제국이 무역하던 물품들이 자세하게 나타난다. 당시 로마의 귀족들은 물론 로마의 통치를 받던 팔레스타인 지역의 귀족들이나 부요한 사람들의 일상생활을 엿볼 수 있게 해준다. 로마제국이 무역하던 물품들은 "금과 은과 보석과 진주와 세마포와 자주 옷감과 비단과 붉은 옷감이요 각종 향목과 각종 상아기명이요 값진 나무와 진유와 철과 옥석으로 만든 각종 기명이요 계피와 향료와 향과 향유와 유향과 포도주와 감람유와 고운 밀가루와 밀과 소와 양과 말과 수레와 종들과 사람들의 영혼들"이라고 한다. 당시의 귀족들이나 부요한 사람들은 "세마포와 자주 옷감과 비단과 붉은 옷감"으로 값비싼 옷을 만들어 입음으로써 자신의 부와 지위를 자랑했다. 예를 들어 '스키토폴리스'에서 생산된 세마포 겉옷의 가격은 7,000데나리온(4만 8,000세스테르티우스)이었다고 한다. 당시 노동자 하루 품삯이 1데나리온이라고 하니 이 고급 옷은 노동자 한 사람이 19년 2개월을 한푼도 사용하지 않고 모아야만 하는 어마어마한 돈인 셈이다. 특히 자주색 모직물은 모든 사람이 몹시 갖고 싶어 하는 고가품의 옷감이었다.

삭개오가 어떤 옷을 입었는지 정확히 알 수는 없지만 분명한 것은 당시 귀족들이나 부요한 사람들은 값비싼 옷을 입음으로써 자신의 삶을 과시했다는 것이다. 이렇게 본다면 세관장 삭개오는 누구도 감히 구입할 수 없는 옷을 입었을 것으로 추측된다. 화려한 옷을 걸친 삭개오는 로마의 통치자들처럼 날마다 가장 좋은 음식을 즐겼을 것이다. 요리사를 두고 최고급 재료 곧 싱싱한 채소, 포도주, 석류, 치즈, 향로 및 각종 고기로 만든 사치스러운 요리를 먹음으로써 자신의 우월감을 과시하려고 했을 것이다.

세관장 삭개오는 사고 싶은 것이 있다면 무엇이든지 살 수 있는 부를 가졌고 그 부를 마음껏 즐기던 사람이었으나 철저하게 죄인으로 낙인 찍혀 냉대함을 받으며 살아간 사람이었다. 삭개오가 누군가를 초대하여 만찬을 즐기려고 하여도 아무도 가려고 하지 않는 소외된 사람이었기에 그는 늘 고독하고 외로운 삶을 살아갈 수밖에 없었다. 아무리 비싼 옷을 걸치고 값진 밥상을 풍부하게 차려놓았다고 해도 그 옷은 아무도 눈길을 주지 않는 옷이었고 그 밥상은 아무도 함께하지 않는 외로운 밥상이요, 텅 빈 밥상이었던 것이다.

예수 그리스도의 치유의 부르심

예수께서 여리고 마을에 들어서자마자 많은 사람들이 그를 에워싸고 있었다. 어떤 이들은 예수님이 누구인지 구경하려고 하였고 어떤 이들은 예수님의 말씀과 행하시는 기적을 눈으로 보고 확인하고자 하였다. 삭개오는 키가 작아 그곳에 둘러서 있는 사람들 때문에 예수님을 볼 수가 없었다. 그리하여 삭개오는 뽕나무 위로 기어올라가 예수님을 보고자 하였다. 바로 그때, 예수님이 뽕나무 위에 있는 삭개오를 "우러러 보시고" 그리고 "삭개오야, 속히 내려오라."고 말씀하셨다. 개역

성서에서 예수께서 삭개오를 우러러 보시고"라고 번역한 것은 좀 어색한 번역이다. 새번역과 공동번역에는 "쳐다보시고(며)"로 되어 있는데 이것이 훨씬 더 원문에 가까운 번역이라 할 수 있다.

여기서 우리는 예수께서 삭개오를 향하여 말씀하신 대화의 방법 곧 대화기법에 주목할 필요가 있다. 예수님이 하신 첫 번째 대화기법은 그를 쳐다보신 것이다. 예수께서는 한 마디의 말씀도 하지 않으시고 부드러운 시선과 미소가 담긴 얼굴로 뽕나무 위로 올라가 있는 삭개오를 쳐다보셨다. 모두가 그를 죄인이나 매국노로 취급하여 아무도 삭개오의 존재를 거들떠보지도 않던 당시의 현실에서 예수님은 그를 '하나님의 형상'을 지닌, 아름다운 한 인간으로 받아들이며 그를 쳐다보신 것이다.

우리 인간이 '하나님의 형상'으로 지음 받았다는 말은 인간이 영성적 존재라는 것이다. 인간이란 단지 동물 또는 이성적 동물이 아니라 영성적 존재이다. 곧 인간은 하나님과 만나고, 대화하고, 교제할 수 있는 종교적 존재로서, 사랑과 의와 평화와 자유 그리고 거룩함을 지닌 고상한 인격체라는 것이다. 인간은 이웃과 사회에 대한 책임적인 존재라는 것이다.

또한 인간이 '하나님의 형상'으로 지음 받았다는 것은 우리 인간이 하나님의 말씀의 상대가 된다는 뜻이며 하나님이 그의 협동자를 구하시고 그의 말씀의 상대자를 요구하시기 때문에 인간을 만드셨다는 뜻이다. 바르트는 "모든 창조는 하나님과 인간의 만남 또는 창조자와 피조물 사이에 나와 당신의 대화를 그 목적으로 삼는다."라고 하였다. 그러므로 '하나님의 형상'대로 인간을 창조하셨다는 말은 인간이 만남과 대화의 실존임을 드러낸다.

당시의 유대종교와 율법이 그리고 당시의 모든 사람이 삭개오를 질시하고 외면할 때, 예수께서 삭개오를 쳐다보신 것은 신분, 계층, 직업, 성별, 인종을 초월하여 모든 사람은 누구나 똑같이 '하나님의 형상'을 지닌 존재라는 선언이었다. 그러므로 나 아닌 남도 '하나님의 형상'으로 지음 받았다면 우리는 그 남을 하나님처럼 여기고 하나님처럼 존귀하게 여겨야만 한다는 것이 '쳐다본' 몸말(body language)의 의미이다. 예수께서는 모든 사람이 하나님의 구원을 받고 사랑을 받으며 살아가야 하는 존재로서 삭개오를 바라보고 쳐다보신 것이다.

예수의 두 번째 대화기법은 "삭개오야 속히 내려오라." 하며 그의 이름을 부르신 것이다. 아무도 자신의 이름을 불러주지 않고 누구도 자신을 인정해주지 않는 그 순간에 예수께서 삭개오의 이름을 부르셨다. 하나님께서는 우리 인간을 부르시고 찾으셔서 구원받은 하나님의 백성으로 살아가게 하시며 사랑과 정의와 평화가 넘치는 하나님의 나라를 이 땅에 실현해나가기를 바라신다. 그렇기에 하나님은 하란 땅에 정착하여 살던 75세의 아브라함을 부르셔서 미지의 땅 가나안을 향해 가라고 명하셨다. 하나님의 말씀에 순종하여 떠난 그를 성서는 믿음의 조상이라고 부른다. 또한 하나님께서는 이집트에서 종살이하던 히브리 노예들을 해방시키기 위하여 모세를 부르셨고 이집트를 떠나 젖과 꿀이 흐르는 축복과 희망의 땅으로 인도하셨다. 또 하나님은 예언자들을 부르셔서 시기마다 하나님의 말씀을 선포하게 하셨다.

한번은 예수께서 거라사인의 땅에서 전도하실 때 귀신 들려 오랫동안 옷을 입지 않고 무덤 사이에서 사는 사람을 만나신 적이 있었다. 모든 사람에게 공포와 위협이 되는 그 사람을 향해 예수님은 "네 이름이 무엇이냐"고 물으셨다.(눅 8:30) 다시 말해서 너의 정체(identity)가 무엇인지 그리고 무엇에 둘려싸여 있는지를 물으신 것이다. 그리고 "저는 군대입니다."라고 솔직하게 말하는 그 사람을 예수께서는 치유해주셨다. 예수께서 제자들을 향하여 너희들은 나를 누구라고 하느냐고 질문하셨을 때, 시몬은 "주는 그리스도시요 살아 계신 하나님의 아들이니"(마 16:16)라고 대답했다. 예수께서는 이러한 시몬에게 제자 중의 으뜸이요 모든 것의 든든한 기초가 되는 반석이란 뜻의 '베드로'라는 새 이름을 주셨고 그를 베드로라고 불러주셨다.

믿는 사람들을 체포하려고 다메섹으로 가던 사울에게 부활하신 예수께서 나타나셔서 "사울아 네가 어찌하여 나를 핍박하느냐"(행 9:4)라고 이름을 부르셨다. 그가 "주여 뉘시오니이까"라고 되묻는 질문에 예수님은 "나는 네가 핍박하는 예수이다"라고 말씀하신다. 이러한 짧은 순간에 '크다' 혹은 '희망'이라는 뜻을 가진 사울의 이름은 '작다'라는 뜻을 가진 바울로 바뀌었고 그의 일도 예수 그리스도를 증언하는 위대한 전도자로 바뀌었다.

이처럼 성서에서 이름은 그 사람 자신의 인격을 가리키며 그 사람의 삶의 내용을 의미하기도 한다. 삭개오라는 이름은 실로 좋은 뜻을 가지고 있는 이름이다. 삭개오의 히브리 이름은 스가랴란 이름의 약자로서 삭개(스 2:9, 느 7:14)인데 이름의 어원적인 의미는 '의롭다' 또는 '순결하다'이다. 비록 삭개오가 많은 사람들에게 죄인으로 그리고 파렴치한 세관장으로 손가락질을 당한다고 하더라도 예수께서는 삭개오의 정체를 '하나님의 형상'을 지닌 사람으로 그리고 하나님의 사랑받는 자녀로 본 것이다. 그렇기에 예수님은 "삭개오야"라고 이름을 부르셨고 "속히 내려오라"고 말씀하신 것이다. 이처럼 예수님의 두 번째 대화기법은 그의 이름을 부르면서 그를 인정하고 격려하고 그의 생명에 대한 따뜻한 사랑을 표현하는 것이다.

예수님의 세 번째 대화기법은 "내가 오늘 네 집에 유하여야 하겠다."는 장면에서 그 절정을 이룬다. 왜냐하면 굳게 닫혀 있던 삭개오의 마음이 예수님의 말씀을 듣고서 활짝 열려 "즐거워하며 예수님을 영접"하였기 때문이다. 여기에 나오는 예수님의 '유하겠다'는 말씀과 삭개오의 '영접한다'는 말은 예수께서 삭개오와 함께 하나님의 구원의 말씀을 나누고 함께 하나 되는 식탁 교제 곧 밥상 공동체를 이루면서 하루를 머물겠다는 뜻이다. 다시 말해서 예수님의 말씀을 들은 삭개오가 기쁨으로 예수님을 초대한다는 것은 하나님의 자녀로 거듭나 새로운 사람으로 살아가겠다는 선언이기도 한 것이다.

그리하여 모든 사람과 인간관계가 단절되었던 삭개오 친구도, 이웃도 없이 홀로 살아가던 삭개오도 마음이 열리기 시작했다. 삭개오의 경우 예수와의 식탁 나눔을 통해 인간과의 관계회복이 시작되고, 이는 곧 하나님과의 관계회복의 표식임이 드러난다. 여기서 하나님과의 관계회복과 인간과의 관계회복은 분리되지 않는다. 하나님으로부터 구원받았다는 것은 인간과의 관계회복을 의미하며 나아가서 하나님과의 관계회복을 뜻한다. 만약 인간과의 관계회복 없이 하나님의 구원만을 이야기한다면 그것은 참된 구원이 아닐 것이다. 참된 구원이란 하나님 앞에 서 있는 나 자신을 바로 아는 것이며 동시에 함께 살아가는 이웃과 또 세상과 아름다운 관계를 형성하여 우리 안에 하나님의 나라를 이룩하는 것이다. 나아가서 하나님의 존귀한 자녀로서 자신의 사명과 책임을 다하는 믿음의 사람이 되어 영원한 하나님의 나라를 바라보며 살아가는 그것일 것이다.

특히 누가복음에 나타난 주의 식탁 교제 곧 예수 그리스도의 밥상 공동체는 매우 의미가 깊다. 누가복음 14:13에는 잔치를 배설하거든 차라리 가난한 사람들과, 지체장애인, 시각장애인 같은 사람들을 부르라고 한다. 누가복음 15:1-2에서 바리새인들과 레위인들은 예수님을 향해 "이 사람이 죄인을 영접하고 음식을 같이 먹는다."고 불평을 한다. 이어서 15:3-32에는 잃어버린 양 한 마리와 은전 한 닢과 잃어버린 둘째 아들이 돌아왔을 때 모두 다 큰 잔치를 열어 함께 축하하는 이야기가 나온다.

누가의 눈에 비춰진 예수님은 기원후 70년 예루살렘 멸망 후 성전이 파괴되었을 때 하나님의 나라가 오직 성전에만 있다고 생각하여 예루살렘 성전을 건축하는 데 온 힘을 기울인 사제들의 신학에 문제를 던진 분이었다. 또한 하나님의 나라가 가난한 자, 세리, 죄인, 여성, 장애인 그리고 병약자들과 함께 나누는 식탁에서 하나님의 나라가 이룩되고 있음을 가르치신 분이었다. 그리하여 누가는 "바리새인들이 하나님의 나라가 어느 때에 임하나이까 묻거늘 예수께서 대답하여 이르시되 하나님의 나라는 볼 수 있게 임하는 것이 아니요"(눅 17:20)라고 역설한다.

예수께서는 삭개오의 집에 유하면서 말씀과 식탁을 나눔으로써 "이 사람도 아브라함의 자손임이로다"(눅 19:9)라고 말씀하신다. 예수께서는 삭개오로 하여금 참 구원에 이르도록 도와주었고 동시에 삭개오에게 임하시는 '하나님의 나라'를 맛보게 하신 것이다. 그리하여 삭개오로 하여금 회개하고, 회개한 결단으로 자신의 많은 재산을 가난한 자들을 위해 즐겁게 내어놓고 새사람의 삶을 당당하게 시작하게 하신 것이다.

회개의 밥상

일찍이 세례 요한은 요단강에 회개의 세례를 받으러 나온 사람들에게 "회개에 합당한 열매를 맺으라"고 역설한 바 있다. "옷 두 벌 있는 자는 옷 없는 자에게 나눠 줄 것이요 먹을 것이 있는 자도 그렇게 할 것이니라."(눅 3:11) 세례 요한은 세례를 받으러 나온 세리들을 향하여 "부과된 것 외에는 거두지 말라"(눅 3:13)고 했으며 군인들을 향해서는 "사람에게서 강탈하지 말며 거짓으로 고발하지 말고 받는 급료를 족한 줄로 알라 하니라"(눅 3:14)고 하였다. 무엇보다도 회개란 깊은 잠에서 깨어 일어나는 것(reawaken)이며, 자신의 지나간 죄성의 삶을 돌아보고(review), 거듭난 새로운 삶(renew)을 시작하는 것이며, 마지막으로 자신의 사명이 무엇인지 재확인하면서 그 사명을 실천하며 살아가는 것(refocus)이라고 할 수 있다.

이러한 철저한 회개가 예수를 만난 삭개오에게 일어나고 있는 것이다. 예수와 식탁을 함께 한 삭개오는 '주여, 보시옵소서. 내 소유의 절반을 가난한 자들에게 주겠사오며 만일 누구의 것을 토색(討索)한 일이 있으면 사 배나 갚겠나이다'라고 선언한다. 사실 삭개오의 이러한 행동은 상식적으로 납득하기 어려운 것이다. 이러한 삭개오의 결단은 철저한 회개를 수반하지 않고서는 나올 수 없는 행동이었다. 그러므로 삭개오가 차린 밥상은 회개의 밥상이라고 말할 수 있는 것이다.

당시의 상황에서 본다면 랍비들이 재물의 20% 정도를 가난한 자들에게 나누어주면 충분한 것이었다. 그러나 삭개오는 자신의 재산 가운데 절반을 가난한 이웃들에게 나누어줄 것이며 만약 누구에게서 착

취한 것, 속여서 빼앗은 것이 있으면 4배로 갚겠다고 한 것이다. 4배의 배상은 율법의 규정이 아닌 것으로 보인다. 율법에서는 도둑질과 관련해서는 통상적으로 5분의 1을 더하여 배상할 것을 요구했다.(레 6:2-5) 오직 양과 황소를 훔쳐다가 처분하거나 도살한 경우에(출 22:1-4, 부분적으로는 삼하 12:6) 4배나 5배로 배상할 것이 요구되었고 여전히 도둑의 소유로 있는 경우에는 2배의 배상이 요구되었다. 당시 로마의 법은 몇몇 경우에, 특히 누구의 것을 훔쳤다는 죄로 고소당하여 법정에 무고죄로 섰을 때 4배의 배상을 요구하였다.

그러므로 삭개오의 배상의 규모는 자신이 잘못한 것들에 대한 보상 이상의 것을 의미한다. 당시의 사회·경제구조는 오늘날의 사회·경제구조와 비슷하여 물질이 인간보다 높이 여겨졌으며 물질이 없는 가난한 사람들의 인간의 존엄성은 무시당하던 시기였다. 삭개오는 부정직하게 직권을 남용하여 부를 축적하는 세관장이었기에 상당한 재산을 확보하고 있었을 것이다. 그런데 삭개오는 예수님과 만나고 대화하고 음식을 함께 나누는 밥상 공동체를 통해서 거의 대부분의 재산을 사회로 환원하여 가난한 자들에게 아낌없이 나누어주겠다고 말한다. 이러한 그의 행동은 하나님의 나라가 삭개오에게 다가오고 있음을 뜻한다. 그는 자신에게 임해오는 하나님의 나라를 두 팔로 껴안으면서 아픈 마음으로 뉘우치고 회개하여 새사람의 길에 들어선 것이다. 그렇기에 그가 기쁨으로 나눈 밥상은 회개의 밥상이었다.

기원후 50년경 초대교회에 요하난 벤 삭카이(Johanan Ben Zskkai)라는 사람이 있었는데 그는 당시 교회를 이끌어가며 봉사한 사람이었다. 그는 뽕나무에서 예수님을 만난 뒤 예수님을 초청하여 잔치를 배설하면서 가르침을 받았다. 후에 그는 많은 사람을 가르치며 예수님의 말씀을 풀이해주는 교사가 되었다고 한다. 그가 노인이 되었을 때, 전과 같이 여리고에 살고 있었는데, 그는 겸손하고 경건한 노인으로 널리 알려져 있었다. 초대교회는 그가 예수님을 만나 회개하고 돌이켜 새사람이 된 삭개오라고 추측하고 있다.

새사람이 된 삭개오, 그가 나눈 회개의 밥상은 나눔의 밥상이 되어 그 시대에 하루하루를 눈물과 한숨으로 살아가던 사람들, 가난과 질병으로 인해 비인간적인 삶을 살아가던 사람들에게 차려진 것이었다. 삭개오의 회개의 밥상은 누군가로부터 도움을 받지 않고서는 생존 자체가 어려운 사람들에게 기쁨과 희망의 밥상으로 차려졌다. 그러므로 삭개오의 회개의 밥상은 모든 사람이 하나님의 자녀로 인정받아 함께 더불어 살아가는 세상, 풍성한 생명이 이루어진 세상 곧 하나님의 나라를 담은 밥상인 것이다.

〈농부 하나님〉이란 시를 쓴 채희동 목사는 〈우리의 밥을 서로 나눔은〉이라는 시를 써서 오늘도 생명·정의·평화의 새날을 노래한다.

우리의 밥을 서로 나눔은 우리의 생명을 나눔이지요
우리의 생명을 서로 나눔은 우리의 주님을 나눔이지요

우리의 밥을 서로 나눔은 우리의 생명을 살리지요
우리의 세상을 서로 살림은 우리의 주님을 살리지요

우리의 밥을 서로 나눔은 세상의 죽음을 살림이지요
우리의 생명을 서로 돌봄은 우리의 생명 세상 열리지요
밥을 나누어요, 밥을 나누어요, 밥을 나누어요

또한 남미 아르헨티나의 그리스도인들도 가난하고 소외되며 굶주린 자들을 향해 섬기고 나누며 봉사하고자 할 때 부르는 찬송이 있다. 그것이 곧 <굶주린 모든 이에게>이다.

굶주린 모든 이에게 주여 밥을 주소서, 주소서
배부른 자에게는 정의를 주여 내려주소서

그렇다. 우리의 밥상은 언젠가는 썩어 없어질 것이지만, 그 밥이 생명의 밥이 될 수 있는 때는 지극히 작은 자들인 가난한 이웃들과 그것을 나눌 때이다. 밥을 나눈다는 것은 곧 생명을 나눈다는 것이요, 삶을 나눈다는 것이며 동시에 새 세상을 열어가는 것이다. 예수께서는 삭개오와 같은 죄인, 세리, 여성, 병약자, 가난한 자들과 식탁을 나누는 밥상 공동체를 통해서 그곳에 임하시는 새로운 세상 곧 하나님의 나라의 모습을 보여주려고 하셨다. 그러므로 하나님 나라 운동은 지극히 작고 소외된 자에 대한 무관심했던 죄성과, 사랑과 정의와 평화의 손길로 임해오시는 하나님을 거부하며 살아온 죄성에서 돌이켜 새로운 사람으로 살아가고자 하는 회개운동에서 시작하는 것이다. 뿐만 아니라 하나님의 나라는 누구에게나 꼭 닫혀 있는 이기적인 죄성의 마음과 서로에게 냉소적이며 적대적인 인간관계의 죄성에 대한 뉘우침에서 시작해야 하는 것이다. 이러한 회개운동은 이웃과 함께, 세상과 함께 밥상을 나누는 밥상 공동체로 이어져야 한다.

오늘 우리에게 필요한 회개는 개인적인 죄성에 대한 회개뿐만 아니라 이웃과 사회에 대한 무관심, 남북 분단에 대한 무관심, 오늘의 사회·경제·정치 그리고 문화에 대한 무관심, 나아가서 지구촌 세상과 하나님의 피조세계인 자연생태계 등에 대한 무관심에 대한 '사회적 회심'(social conversion)이며 '생태적 회심'(ecological conversion)이다. 그리하여 우리의 회개 속에 하나님의 나라 곧 나의 것을 내어놓는 나눔을 통하여 풍성한 기쁨이 용솟음치는 세상, 모두가 함께 평등하게 살아가는 세상, 인간을 포함한 모든 생명 공동체가 풍성한 생명을 누릴 수 있는 평화의 세상을 만들어가야 하는 것이다.

06

다양한 사람들이 모여 섞이고 비벼져 맛을 낸 비빔의 밥상

사도행전 2장에 나타난 초대교회는 성령이 충만한 교회였다.
성령이 충만한 교회라고 하는 그릇 속에 사도들의 가르침을 받는 배움,
사랑으로 연대하고 일치하는 친교, 나의 것을 함께 나누는 밥상 공동체
그리고 하나님과 열심히 간구하며 기도한 아름다운 신앙이 들어 있다.
이러한 신령한 음식들이 성령으로 비벼진 비빔밥과 같은 초대교회는
기독교 역사상 가장 아름답고도 거룩한 교회가 된 것이다.

한국 사람들이 가장 선호하는 음식은 뭐니 뭐니 해도 비빔밥이다. 오래전 유동식 교수는 『민속종교와 한국문화』에서 비빔밥의 철학을 소개한 바 있다.

비빔밥을 만들기 위하여 먼저 밥그릇이 있어야 하고 그 그릇의 바닥에는 땅에서 농사를 지은 쌀과 보리로 만든 밥이 깔려 있다. 구운 김이나 달걀과 고기가 다시마 튀김의 자리를 대신하기도 한다. 산해진미랄 것까지는 없겠으나 산나물과 해초와 날짐승의 알과 쇠고기가 들어 있으니 산과 바다와 하늘과 땅의 모든 음식을 한 곳에 모아놓은 셈이다.

거기에다 고추장과 참기름을 넣고 비빈 것이 비빔밥이다. 매끄럽고 고소한 참기름은 음식에 율동을 준다. 논과 밭 곧 땅에서 거둔 쌀을 적당하게 섞어 지은 밥을 바닥에 깔고 하늘과 땅 사이의 온갖 것을 모아 율동성을 가한 것이 비빔밥이다.

이렇게 보면 우리가 즐겨 먹는 음식 가운데 비빔의 철학이 담겨 있는 것이 매우 많다. 특히 김치는 더 더욱 비빔밥의 원리를 가지고 있다. 김치는 밭에서 자란 배추로 만드는데, 그러나 거기에는 공중에 달린 고추와 배와 밤 등이 들어가고 또 땅 속의 무와 마늘이 들어간다. 게다가 바다의 새우와 고기가 들어가기도 한다. 바다와 땅과 하늘의 것들을 한 곳에 섞어 손맛으로 잘 비벼 만든 것이 우리가 즐겨 먹는 김치이다.

비빔밥은 여러 가지 음식을 하나의 밥그릇 속에 모아놓은 것이다. 그러나 비빔밥은 단순히 잡다한 여러 가지를 한 곳에 모아놓은 것이 아니라 비빔이라는 율동적인 작업을 통해 하나의 새로운 맛이 창조된 음식이다. 중요한 것은 한번 비빔밥이 된 후에는 그 잡다한 여러 음식이 단순하게 섞여 있는 것이 아니라 새로운 하나가 된다는 데 있다. 땅에서 나온 것, 산에서 나온 것, 바다에서 나온 것 그리고 하늘에서 나온 것 곧 천지를 한 그릇 속에 모아놓고 비빔으로써 혼돈의 세계가 된 것이 아니라 새로운 하나의 맛이 창조된 것이 바로 비빔밥인 것이다. 사도행전 2:44-47에 나타난 초기 기독교 공동체 이야기는 이러한 비빔의 철학을 넘어 비빔의 신학을 잘 보여준다.

초기 기독교 공동체에 나타난 비빔의 밥상

교회 역사상 가장 아름다운 그리스도의 교회는 사도행전 2장에 나타난 교회였다. "저희가 사도의 가르침을 받아 서로 교제하며 떡을 떼며 기도하기를 힘쓴" 교회였다.(행 2:42) 또한 2:44-47은 42절을 보다 구체적으로 소개하며 초대 그리스도인들의 신앙의 삶을 설명해주는 말씀이다. "믿는 사람이 다 함께 있어 모든 물건을 서로 통용하고 또 재산과 소유를 팔아 각 사람의 필요를 따라 나눠 주며 날마다 마음을 같이하여 성전에 모이기를 힘쓰고 집에서 떡을 떼며 기쁨과 순전한 마음으로 음식을 먹고 하나님을 찬미하며 또 온 백성에게 칭송을 받으니 주께서 구원 받는 사람을 날마다 더하게 하시니라."

사도행전 2장에 나타난 대로 서로 배경과 생각과 삶의 형태가 다른 사람들이 신앙으로 만나서 어울리고 섞이고 잘 비벼져서 거룩한 하나가 된 것이다. 그들은 모두 겸손한 마음으로 사도들의 가르침을 받고, 서로 한 마음 한 뜻이 되어 성도의 교제를 나누며, 집집마다 돌아다니면서 밥상을 함께 나누며 주의 성찬을 나누고, 모두 하나님의 뜻을 바로 깨닫고 그 뜻에 따라 살면서 '새 하늘과 새 땅'이라고 하는 새로운 이상사회를 만들어가려고 결단하며 나섰다. 우리는 여기서 초기 기독교 공동체가 가장 아름다운 맛을 낼 수 있었던 네 가지 중심 메뉴를 찾아볼 수 있다.

첫째의 메뉴는 사도들의 가르침을 경청하고 그 말씀에 따라 살려고 한 것이었다. 그리스어 '디다케'는 가르침이라는 말로써 초기 기독교공동체의 신앙인들이 세례와 더불어 신앙을 굳게 지키도록 하기 위해서 사도들이 가르치는 깊은 교훈을 뜻한다. 그들은 사도들의 가르침을 통해 예수 그리스도의 행적과 말씀을 기억하고 예수 그리스도의 관점으로 성서 전체를 재해석하며 말씀의 뜻을 음미하며 새겨나갔다. 이러한 교육은 현재 우리가 가지고 있는 복음서의 기초가 된 전승들을 형성해나간 것이다. 이렇게 보면 복음서는 신앙에 따라 생활하고 예수 그리스도와 더불어 몸 바치도록 가르치는 교육을 반영하고 있다. 예수 그리스도의 말씀과 예수 그리스도에 관한 말씀은 초기 신앙 공동체가 어떻게 살아가야 하는지 그리고 무슨 일을 해야 하는지를 잘 보여준다. 그러므로 초기 기독교 공동체라는 밥그릇 속에 먼저 보이는 음식은 초기 기독교 공동체 생활의 으뜸 가는 요인이 '말씀을 듣는 일'이었음을 보여준다.

둘째의 메뉴는 성도의 교제 곧 '코이노니아'이다. 초기 기독교 공동체에 없어서 안 될 것은 그 어떤 것보다도 형제·자매적 사랑이요 친교였다. 이러한 성도의 교제는 그리스도인 공동체의 고유한 정체성을 새겨주고, 다른 집단들과 질적으로 다른 차별성을 보여주는 것이다. 기독교 신앙인의 성도의 교제 곧 형제·자매적 친교란 과연 무엇일까? 친교 또는 교제라는 말은 그리스어 '코이노니아'에서 나왔는데 이는 그리스도인들의 연합과 연대라는 뜻과 함께 같은 신앙과 생활에 기초한 일치를 뜻하는 말이다. 예수 그리스도와 더불어 하나님의 나라를 확장해나가고 올바른 사회를 건설하고, 가난하고 병들고 차별받고 소외되며 억눌린 형제·자매들을 섬기는 데 몸 바쳐 헌신하는 일들이 그리스도인들의 마음을 하나 되게 한다. 이러한 하나 됨은 물질적인 나눔과 연대로 나타난다. "믿는 사람은 모두 함께 지내며 그들의 모든 것을 공동 소유로 내어놓고 재산과 물건을 팔아서 모든 사람에게 필요한 만

큼 나누어 주었다.(행 2:44-45, 공동번역)

여기서 우리는 형제·자매적 친교에 두 가지 측면이 있음을 알 수 있다. 하나는 그것이 어느 누구의 강요에 의해서가 아니라 모든 사람이 자신의 자유의지로 결정하여 동참한 가족과 같은 관심과 사랑이었다는 것이다. 다른 하나는 각 사람의 필요에 따라서 재산을 나누어 신앙의 새로운 공동체를 만들어갔다는 것이다. 서로 다른 사람들을 형제·자매로 생각하고 새로운 가족으로 받아들이는 마음으로 모든 사람이 잘 섞이고 비벼질 때 새로운 맛을 내는 거룩한 하나가 되는 것이다. 그럴 때 삶의 참 자유를 골고루 누릴 수 있고, 물질적 나눔을 통해서 모든 사람이 풍성한 생명을 함께 누릴 수 있다. 이렇게 전혀 다른 사람들이 함께 비벼지는 것은 신비스러운 신앙 곧 성령의 역사이다. 거룩한 하나가 된 초기 기독교 공동체는 새로운 계획을 가지고 세상 속으로 들어가 자유 곧 권력을 함부로 축적하지 않고, 재산이라고 하는 물질을 무한대로 축적하지 않으며 모든 사람이 함께 나눔의 실천을 통해 하나님이 그리시는 생명·정의·평화가 충만한 세상을 열어가려고 나선 것이다.

사도행전의 저자 누가는 당시의 사회를 향하여 이상향 곧 이상적인 사회를 제시한다. "있는 것을 다 팔아 가난한 사람들에게 나누어 주어라. 그리고 와서 나를 따라라."(눅 18:22, 공동번역) 이렇게 공동체는 바닥으로부터 출발하여 더 가난하고 더 힘들고 더 소외되고 더 병약한 사람들의 필요로부터 시작하여 밑에서부터 이루어지는 평등을 요구한다. 이는 나이나 성별·계층적 차이로 인한 각종 차별과 사회·경제·문화적 양극화에 따른 갈등과 문제를 극복하여 새로운 이상사회를 만들고자 한 것이다.

기독교적 친교는 함께 하나 되는 연대에 기초를 두고 있다. 이러한 연대는 신앙 안에서의 상생과 일치로부터 출발하여 가난한 사람들로 하여금 생명·정의·평화가 충만한 새 삶에 동참하지 못하게 가로막는 사회·경제·정치 그리고 인종과 문화의 모든 장벽을 뛰어넘어 하나님이 바라시는 새로운 세상을 열어가는 그것이다. 그러므로 초기 기독교 공동체의 생활은 당시의 인간과 세상을 변형시켜 나가는 대안적 사회로서의 방향 제시임은 물론 미래의 모든 사람과 세상으로 '새 하늘과 새 땅'을 실현해나가는 신앙생활을 몸소 보여주는 것임을 우리는 알 수 있다. 모든 사람이 형제와 자매의 사랑으로 나누고, 모든 사람이 사랑스러운 친구와 이웃으로 친교를 나누고 모든 것을 공동의 것으로 내어놓고 공유하면 모든 사람이 함께 누릴 수 있는 공유경제의 대안적 세상 곧 하나님의 나라를 오늘 여기에서 맛볼 수 있는 것이다.

셋째의 메뉴는 '함께 빵을 나누는 일'이다. 함께 빵을 뗀다는 것은 틀림없이 성찬에 대한 언급일 것이다.(행 20:7, 고전 10:16) 유다 나라에서는 함께 앉아 음식을 먹기 전에 가정의 아버지 또는 집단의 어른이 빵을 손에 들고 하나님께 감사의 기도를 드린 다음, 그것을 밥상에 둘러앉은 사람들에게 나누어주었다. 예수께서도 유월절 때 마가의 다락방에서 행한 최후의 만찬에서 그렇게 하셨다. 여기서 그리스도인들의 성찬이 유래했다.

사도행전에 나타난 초대교회는 성찬이 개인의 집에서 거행되었음을 분명히 한다. 사도행전 2:46에 의하면 "날마다 열심히 성전에 모였으며 집집마다 돌아 가며 같이 빵을 나누고 순수한 마음으로 기쁘게 음식을 함께 먹으며"(공동번역)라고 한다. 당시 가정의 분위기에서 거행하던 성찬은 두 가지로 나타난다. 첫째로 그것은 신앙으로 예수 그리스도의 십자가와 부활을 신실하게 회상하고 기념하면서 예수 그리스도의 사랑 행위에 동참하는 것으로서의 성찬이다. 둘째로 생명을 길러주고 치유해주시는 예수 그리스도의 사랑으로 뭉친 형제·자매의 사랑의 분위기 속에서 이웃과 사회에 나누고 봉사하며 섬기고자 하는 결단으로서의 성찬이다.

사도 바울의 증언과 같이(고전 10:16, 11:25) 성찬은 공동식사의 일부분으로 비교적 부요한 그리스도인의 집에서 거행되었다. 그 기회에 부요한 사람들도 가난한 사람들과 사귐을 갖고 친교를 나눌 수가 있었다. 누가가 언급하고 있는 가난한 사람들은 종, 실업자, 농촌에서 쫓겨난 농부, 일일 노동자 등과 같은 사람들이다. 그러므로 함께 빵을 떼는 성찬은 적어도 가난한 사람들에게 하루에 한 끼를 때울 수 있게 해주었다. 그렇기에 그들에게 빵을 떼는 성찬의 시간은 기쁨이 넘치고 즐거우며 복된 시간이었던 것이다.

넷째의 메뉴는 '기도'이다. 사도행전 2:46에 따르면 초기 기독교 공동체는 성전에서 기도를 바쳤음을 알 수 있다. 누가에게 성전은 하나님 백성의 역사의 중심이었고 예수께서 백성에게 자신을 나타내 보이신 장소였다. 초기 기독교 공동체는 성전에서 기도하던 유대인의 좋은 전통을 이어받았다. 또한 그들은 유대인의 전통에 따라 하루가 시작하고 끝날 때 신앙고백을 하고 여러 일을 시작하기 전에 먼저 감사기도를 드렸다. 그들은 항상 사람과 말하기 전에 하나님께 먼저 기도하였고 세상으로 나아가기에 앞서 먼저 하나님 앞에 나아가 기도를 드렸다. 그들은 무슨 일을 하든지 하나님을 먼저 만나뵈었으므로 세상 삶의 모든 문제에 대처해나가고 승리할 수 있었던 것이다.

사도행전에 2장에 나타난 초대교회는 성령이 충만한 교회였다. 성령이 충만한 교회라고 하는 그릇 속에 사도들의 가르침을 받는 배움, 사랑으로 연대하고 일치하는 친교, 나의 것을 내어놓고 함께 나누는 식탁 나눔 곧 밥상 공동체 그리고 하나님께 열심히 간구하고 그 뜻에 따라 살아가고자 하는 기도의 신앙이 들어 있다. 이러한 네 가지의 신앙의 모습 곧 신령한 음식들이 성령으로 비벼져 전혀 새로운 맛을 창출한 비빔밥 곧 역사상 가장 아름답고도 거룩한 교회가 된 것이다.

초기 기독교 공동체가 존재하고 살아간 이러한 신앙과 공동체적인 삶의 방식은 놀라운 일과 기적을 낳게 되었고 이러한 일들이 당시 사람들을 감동으로 사로잡았다. 당시의 사람들은 공동체의 현존과 활동을 통해 생명·정의·평화의 삶이 넘쳐 참된 기쁨과 구원을 맛보면서 하나님께 감사와 찬양을 드린다. 이러한 공동체가 모든 사람에게 사랑을 나누고 감동을 주고 엄청난 영향을 끼쳐 누룩처럼 퍼져 사람과 세상을 변하게 한다. 초대교회 공동체는 특정한 사람에게만 열려 있는 것이 아니라 항상 모든 사람에게 열려 있고 모든 사람에게 풍성한 생명과 정의와 평화를 맛보게 한 축복의 장소였다. 사도행전 2:47은 "온 백성들에게 칭송을 받으니 구원받은 사람을 날마다 더하게 하시니라"고 오늘을 살아가는 우리에게 가르침을 준다.

선교 초기 한국교회의 비빔의 밥상

멀리 조선시대까지 가지 않더라도 1950년대까지만 해도 우리네 가정에서 아버지의 상과 다른 식구들의 상을 따로 차린 밥상이 많았다. 심지어 아녀자들은 방바닥이나 부엌에서 밥을 먹기도 했다. 특히나 보수적인 경상도에서 더욱 그러했다고 한다. 어쨌든 지금으로부터 130여

년 전 한국 사회에서는 신분과 계층이 다른 사람은 함께 식사를 하지 않았음이 분명하다.

선교 초기의 한국교회 신앙인들은 예수 그리스도를 구주로 믿기로 작정한 후 각자의 신앙고백과 함께 새로운 결심을 글로 남겼는데 그중에서 가장 많이 나온 내용을 네 가지로 요약하면 다음과 같다. 첫째는 주일을 철저하게 지키는 성수주일이었고(sunday worship), 둘째는 심한 말을 하지 않으며(hard word), 셋째는 천박한 말을 하지 않으며(low word), 넷째는 밥을 같이 먹는 것이었다.(dining table community)

흥미로운 것은 당시의 한국교회의 결단 중 하나가 그리스도인들은 그의 신분이 어떻든 누구나와 함께 밥을 먹는다는 것이다. 선교 초기 한국교회는 양반과 천민, 지식인과 비지식인, 부유한 자와 가난한 자, 심지어 남자와 여자라는 모든 계층과 성별의 차별을 철폐하는 사회의 개혁이었으며 동시에 그리스도 안에서 모두가 하나라고 하는 참된 평등의 공동체를 실현하고자 했다. 당시의 천민들은 18등급으로 나누어졌는데 천민 중에서도 가장 낮은 천민은 백정이었다. 선교 초기 한국교회야말로 계층이 다른 여러 사람은 물론 말도 함께 할 수 없고 함께 앉을 수도 없으며 한 상에서 밥을 먹을 수 없었던 백정도 형제와 자매로 받아들였던 것이다. 당시 양반 신앙인들의 반대가 많았지만 그들도 성령의 역사로 백정을 형제와 자매로 받아들여 한 밥상에서 밥을 먹었던 것이다. 선교 초기 한국교회는 낡은 문화와 전통을 변형시키면서 참으로 아름답고 거룩한 비빔밥을 만들어낸 것이다.

신약성서에 나타난 초기 기독교회에서 예수 그리스도를 믿고 하나님의 자녀가 되고자 한 사람들은 세례를 받기 전에 먼저 고백해야 할 신앙이 있었다. "누구든지 그리스도와 합하기 위하여 세례를 받은 자는 그리스도로 옷 입었느니라 너희는 유대인이나 헬라인이나 종이나 자유인이나 남자나 여자나 다 그리스도 예수 안에서 하나이니라."(갈 3:27-28) 이처럼 신분과 계층이 전혀 다른 사람들이 교회에 들어와 성령의 역사로 서로 섞이고 비벼져 맛있는 비빔밥을 그리고 생명력이 풍성한, 신령한 비빔밥을 만들어낸 것이다. 이는 요즈음의 교회처럼 예배를 마친 후 배가 고파서 점심을 먹는 것과는 질적으로 차이 나는, 우리 모두가 꼭 지켜나가야 할 아름다운 비빔밥의 전통인 것이다.

'공유경제'라는 비빔밥

1990년대 사회주의의 몰락 이후 세계는 '인간이 발명해낸 최고의 시스템'이라고까지 선언되었던 자본주의체제 자체에 대한 의구심이 일어나고 있다. 신자유주의 경제세계화에 역점을 두고 있는 무한 경쟁의 시장자본주의 속에서 경제적 불평등과 빈부의 양극화가 가면 갈수록 더욱 심화되고 있는 오늘날, 더는 미국식 신자유주의 경제체제가 해결책이 아님을 아프고 쓰라린 경험을 통해 절실히 알게 되었다.

부요한 사람들과 가난한 사람들이 함께 성장할 수 있도록 경제의 체질을 개선하는 근본적인 치유책이 절실히 필요하다. '상생의 경제'로 체질을 전환하는 것은 선택이 아니라 생존의 문제임을 로나 골드는 『공유경제』에서 역설한다. 공유경제의 가장 큰 장점은 소유가 아닌 나눔을 통해 경제적인 이익을 얻는다는 점이다. 빌려주고 빌려씀으로서 비용은 최소화하고 효율은 극대화시킬 수 있다. 또한 공동체적인 삶을 살 수 있다는 것도 공유경제의 장점으로 꼽을 수 있다.

하버드대 로스쿨 교수이자 사회운동가인 로렌스 레식(Lawrence

Lessig)은 이를 '공유경제'(Sharing Economy)라고 이름 붙이면서, 이와 관련된 활동이 새로운 경제활동의 화두로 떠올랐다. 일주일에 몇 번 타지 않는 자동차로부터 아이들이 크면서 금방 필요 없어지는 장난감, 쌓여 있는 책, 일 년에 몇 번 입지 않는 정장, 아무도 사용하지 않는 빈방, 캠핑 용품 그리고 눈에 보이지 않는 우리의 지식과 경험까지도 모두 공유할 수 있다. 집 앞에 남는 공터가 있다면 주차장으로 공유할 수도 있는 것이다. 공유경제의 범위는 무척 넓고 다양하다.

사도행전 2장에 나타난 공동체의 신앙이 사도행전 4:32-35에도 나타나는데 그들 공동체의 특징은 온 공동체가 합심하고 그 합심이 나눔으로 구체화되었다는 것이다. 공동체 모두가 같은 마음으로 하나님의 뜻을 생활화하였고 그 뜻에 헌신하기 위해서 모든 것을 바치고 모든 노력을 기울이는 마음을 가졌다는 뜻이다. 그들은 부활하신 예수 그리스도가 자기들 안에 살아 계시고 그 살아 계신 예수 그리스도가 자기들의 공동체의 생활과 활동 안에 현존해 계신다고 믿었다.

한 마음 한 뜻이 된다는 것은 모든 사람과 온 세상이 하나님이 주신 선물 특히 물질을 골고루 나누는 것을 가리킨다. 다시 말해서 이는 경제를 새롭게 바로 잡는 것을 뜻한다. 더는 제한 없는 개인 소유, 개인의 이익과 안전을 위한 물질 축적에 기초하지 않는 경제, 인류 전체 나아가서 자연을 포함한 모든 생명 공동체의 풍성한 생명·정의·평화를 위해 모든 것을 내어놓고 필요에 따라 공동으로 사용하는 경제로 바뀌어야 한다는 것이다. 물질은 모든 사람과 온 세상의 생명 공동체를 위해 주신 하나님의 선물이기에 각자의 필요에 따라 골고루 누려야 하는 것이다.

누가복음과 사도행전을 기록한 누가는 "너희 가운데 가난한 사람이 없도록 하여라"는 신명기 15:4의 말씀을 특별히 중요하게 생각하였다. 우리의 이웃과 사회 속에, 나아가서 온 세상 속에 가난한 사람들이 없도록 하려면 골고루 나누어야 하는 것이다. 많이 가진 사람은 많이 나누고 적게 가진 사람은 적게 나누어야 한다. 그리하여 모든 사람과 온 세상, 모든 생명 공동체가 하나님이 주신 풍성한 생명과 온전한 생명 그리고 생명의 안전함이 유지될 수 있도록, 공평하게 누릴 수 있도록 노력해나간다면 하나님이 바라시는 새로운 인류, 새로운 세상이 만들어지는 것이다. 사도행전 2장과 4장은 하나님의 이러한 깊고도 오묘한 뜻을 상징적으로 보여주고 있다. 이것은 하나님의 경제원칙 곧 '소유가 아닌 나눔을 통해 서로에게 이익을 주고받는 경제학'을 바탕으로 하는 공유경제이다. 사도행전의 공동체는 오늘의 우리에게 공유경제라는 대안을 제시하고 있다.

그러나 사도행전에 2장과 4장에 나타난 초대교회 공동체가 오래 가지 못한 것은 참으로 안타까운 일이다. 왜였을까? 그것은 첫째, 예수 그리스도의 재림이 임박했다고 믿었던 초기 기독교 신앙인들이 처음에는 자신들이 가진 재산이 필요가 없다고 생각하여 함께 내어놓고 나누어 먹었으나 자신들이 생각한 대로 그리스도의 재림이 이루어지지 않자 초심을 잃어버렸을 가능성이 크다.

둘째, 그들은 소비적인 공동생활에만 중점을 두었지 생산적인 공동생활은 하지 않았을 가능성도 있다. 공동체 생활을 유지할 수 있는 먹을거리를 위한 공동생산이 없었기에 그 공동체는 오래 유지될 수 없었던 것이다. 함께 노동하고 말씀을 묵상하며, 함께 감사하고 찬양하며, 함께 밥상을 나누며, 이웃과 세상을 향해 봉사하는 공동체로 이어지지 못했다는 것은 못내 아쉬움으로 남는다.

셋째, 초대교회 공동체가 자리하고 있던 당시의 사회는 엄격한 사유 재산제도를 지닌 불평등한 사회구조였다. 그렇기에 빈부의 양극화와 함께 계층적으로 불평등한 사회구조의 변혁 없이는 특정 집단의 공동체는 오래 지속할 수 없었다. 그러나 분명한 점은 초대 기독교 공동체가 시도한 것은 그들이 신앙으로 함께 비벼내고자 한 생명·정의·평화가 넘치는 새로운 이상사회 곧 '새 하늘과 새 땅'이라고 하는 새로운 대안 사회를 오고 올 신앙의 사람들에게 제시하면서 몸소 살아간 것이라 하겠다.

사도행전에 나타난 초기 기독교 공동체는 오늘날 심각한 신자유주의 경제세계화의 그늘 속에서 빈부의 양극화로 신음하며 울부짖는 우리의 이웃과 오늘의 세계를 보게 한다. 초기 기독교 공동체는 오늘 우리에게 사회·경제·정치·문화의 양극화의 세계를 극복할 수 있는 새로운 공동체적 삶의 방식이 어떤 것인지를 진지하게 묻는다. 그들은 자신들이 한 마음 한 뜻이 되어 시도한 공동체를 통하여 오늘 우리에게 어떠한 대안적인 비전을 가지고 실천하며 살아가고 있는지 엄숙하게 물어오고 있는 것이다.

07

밥상머리의 주인이신 예수께서 친히 차려주신 구원의 밥상

언제 어디서나 제자들과 함께 만찬을 나누시며 밥상 공동체를
이룩해 가신 예수 그리스도는 인류의 구원을 위해
십자가를 지심으로 '구원의 밥상'의 먹이가 되어주셨다.
그러므로 구원의 먹이가 되어주신 '성찬'은 예수 그리스도를 따라
우리 또한 이웃과 세상을 위해 밥상의 먹이가 되자는 신앙운동이요
교회의 자기혁신운동이며 동시에 사회개혁운동이어야 하는 것이다.

예수 그리스도가 갈릴리 지역에 나타나셔서 선포하신 첫 말씀은 "때가 찼고 하나님의 나라가 가까이 왔으니 회개하고 복음을 믿으라"(막 1:15)는 것이었다. 특히 누가복음 4:16-30에 의하면 예수께서 공생애를 시작하실 때, 안식일에 자신의 동네에 있는 나사렛 회당에 들어가셔서 두루마리 성서 이사야 61:1-2를 펴서 "주 여호와의 영이 내게 내리셨으니 이는 여호와께서 내게 기름을 부으사 가난한 자에게 아름다운 소식을 전하게 하려 하심이라 나를 보내사 마음이 상한 자를 고치며 포로된 자에게 자유를, 갇힌 자에게 놓임을 선포하며 여호와의 은혜의 해와 우리 하나님의 보복의 날을 선포하여 모든 슬픈 자

를 위로하되"라는 예언의 말씀을 읽고 그 뜻을 풀어 말씀하셨다. 이사야는 유대 사람들이 바벨론 포로에서 돌아올 것이라는 예언을 하였으나 예수께서는 하나님의 아들로서 인간을 죄, 죽음, 저주, 질병으로부터 해방시켜 구원하실 것이라는 자신의 메시아적 사명에 대해 말씀하신 것이다. 이때 회당에 있던 자들은 예수님을 동네 밖으로 쫓아내어 낭떠러지까지 끌고가서 밀쳐버리려고 할 정도로 분개하였다.

그 후 가버나움으로 가신 예수께서는 자신을 따르는 사람들을 가장 소중한 하나님의 자녀로 이해하였기에 그들 중에서 제자들을 선택하기도 하였다. 예수님은 가난한 사람들과 병자들, 세리, 여성, 당시 율법에서 금한 천한 직업을 가진 사람들, 심지어는 죄인이라 불리던 사람들을 비롯하여 부요한 사람들과도 함께 식사를 나누셨다. 예수께서는 그들이 누구든지 신분, 성별, 종교를 따지지 않고 그들과 함께 식탁을 나누며 하나님 나라의 복음을 말씀하셨다.

예수께서는 당시의 평범한 유대인으로서 해마다 민족의 절기인 유월절, 칠칠절(오순절) 그리고 초막절, 즉 '성전으로 올라가는 절기'에 예루살렘 성전으로 올라가셨다. 특히 마가복음 14장에는 유월절이 다가오자 예수께서 예루살렘으로 들어가셔서 체포되기 바로 직전 유월절 만찬을 제자들과 함께 나누셨다. 만찬 도중에 예수께서는 무교병의 빵을 들어서 이것은 자신의 몸이라 말씀하시며, 식후에 마시는 포도주 잔을 들어 이것은 구원의 피, 언약의 피라고 말씀하신다. 다시 말해 예수께서 온 인류와 세상을 위해 자신의 몸 곧 살과 피로 친히 구원의 밥상을 차려주신 것이다. 그리하여 모든 인간으로 하여금 하나님을 믿으며 사는 구원의 삶, 생명·정의·평화가 넘치는 하나님의 나라를 맛보며 살아가게 하셨다.

예수님 시대의 유월절

예수님 당시 얼마나 많은 유대인들이 예루살렘 성전에 올라갔으며 그들은 어떻게 절기를 지켰을까? 역사가 요세푸스는 당시의 유월절 상황을 기록하였다. 세스티우스(Cestius)는 대제사장에게 "로마 황제인 네로에게 보고하기 위하여 유월절 예루살렘에서 희생양으로 잡는 양의 수가 얼마나 되는가?"를 물었다. 요세푸스는 예수 당시 유월절 희생 제물로 바쳐진 양의 숫자를 25만 6,500마리라고 기록하고 있다. 학자들은 희생양의 숫자에 근거하여 양 한 마리당 10명이 나누어 먹었을 경우에 유월절을 지키기 위해 예루살렘에 모인 사람은 자그마치 200만 명이 넘을 것으로 추측하기도 한다. 요세푸스는 절기를 위하여 270만 명의 유대인들이 예루살렘에 모였다고 기록하고 있으나 이는 실제보다 과장된 숫자일 것이다. 절기가 다가오면 예루살렘은 분주하고 바쁘기 그지없는 도시로 바뀐다. 이때 예루살렘을 찾는 많은 사람들 때문에 베다니와 벳바게와 같은 주변 마을은 그들에게 숙박을 제공하고, 희생양을 구하거나 그 밖에 만찬에 필요한 음식이나 기구들을 준비하는 장소가 되었다.

유월절 또는 넘는절의 잔치를 히브리어로 '세데르'(seder)라고 하는데 유대인들의 달력으로 니산월 14일 저녁부터 시작되지만 무교절은 니산월 15일부터 시작하여 7일간 유월절과 무교절의 잔치가 이어져 니산월 21일까지 계속되었다. 첫 번째 잔치는 니산월 14일에 있는 희생 제사로, 같은 날 저녁의 유월절 잔치와 관련이 있고, 두 번째 잔치는 니산월 15일의 무교병 축제의 잔치 곧 해방의 축제였는데 이 두 절기는 서로 분리할 수 없어서 성서는 하나로 이해하였다. 그래서 당시의 사람들은 유월절을 8일 동안의 절기라고 이해하였다.

유월절이 다가오면 여인들은 니산월 13일부터 바빠지기 시작한다. 손에 촛불을 들고 그릇을 세밀히 살피고 집안 구석구석에 곰팡이나 누룩이 있는지를 확인한다. 유대인들에게 누룩과 곰팡이는 죄와 고통을 상징한다.(출 12:15) 지금도 유대인들은 유월절 잔치 1주일 전부터 매일같이 곰팡이를 없애기 위하여 밤이 늦도록 집안을 청소한다. 이 같은 전통은 모세의 율법과 스바냐 1:12와 관련이 있는 것이다.

특히 유월절 잔치를 준비하는 사람은 첫째, 출애굽의 해방의 주이신 창조주 하나님께 감사의 제사를 드리는 일, 둘째, 축제의 잔치를 치를 장소를 선정하는 일, 셋째, 음식을 함께 나눌 최소한의 10명을 선정하는 일, 넷째, 집안의 곰팡이를 제거하고 무교병과 포도주, 쓴나물과 함께 기타 음식을 준비하는 일, 다섯째, 희생양으로 잡을 1년 된 흠 없는 수컷 양을 선정한 후 그 양을 취하여 석류 위에서 굽는 일 등을 했다. 여인들에게 니산월 14일은 유월절 저녁 만찬을 위하여 금식으로 시간을 보내면서 식탁을 차리는 매우 중요한 날이기도 했다. 그들은 쓴나물, 하로셋(haroseth) 소스, 땅콩과 대추야자와 아몬드 그리고 건포도 등을 한 곳에 섞어 식탁에 마련하는데 이는 히브리인들이 이집트에서 노예생활을 하면서 진흙을 구운 것을 상징하는 것이다. 또한 그들의 식탁에는 음식을 담가 먹기 위해 소금물(또는 식초)을 마련하였다. 이것은 노예생활 당시 눈물 젖은 세월을 기억하는 것이며 무섭게 추격해오는 파라오 왕의 군사들을 바라보면서 바다를 건넌 기적의 사건을 회상하기 위함이다. 그리고 유월절 곧 넘는절이라 이름하는 대로 하나님의 열 번째 재앙이 히브리 노예들의 집을 넘어간 것을 기념하기 위해 1년 된 흠 없는 어린양의 고기와 무교병과 쓴나물도 식탁 위에 정성껏 준비해놓았다.

니산월 14일이 시작되기 대략 2시간 전 약 오후 12시 30분경에는 유월절 축제를 위해 희생제사로 사용될 양을 준비할 시간을 주어진다. 복음서 역시 이런 사실을 우리에게 알려주는데, 예수님은 베드로와 요한으로 하여금 먼저 가서 유월절 축제의 만찬을 준비하게 하셨다. 그렇기에 예수께서는 그들에게 "주 여호와의 영이 내게 내리셨으니 이는 여호와께서 내게 기름을 부으사 가난한 자에게 아름다운 소식을 전하게 하려 하심이라 나를 보내사 마음이 상한 자를 고치며 포로된 자에게 자유를, 갇힌 자에게 놓임을 선포하며 여호와의 은혜의 해와 우리 하나님의 보복의 날을 선포하여 모든 슬픈 자를 위로하되"(막 14:13-14)라고 말씀하신다. 당시 물을 긷는 일은 주로 여인들의 몫이었으므로 제자들을 인도한 집 주인은 마가의 어머니인 마리아일 것으로 추측된다.

십자가의 죽음을 눈앞에 둔 예수님은 마가의 다락방에서 유월절 만찬을 함께 나누는 도중에 빵을 들어 '이 빵은 너희를 위한 나의 살이요 이 포도주는 나의 대속적인 피'라고 말씀하시면서 받아먹고 마시라고 하셨다. 바로 그 순간 예수께서는 자신의 제자 중 한 사람인 가룟 유다의 배신으로 체포되셨고 심문을 받으시고 39대의 채찍을 받으셨으며 십자가형의 사형판결을 받으셨다. 그리하여 온 인간과 세상을 위해 자신의 몸을 송두리째 내어놓아 구원의 먹이가 되게 하신 후 십자가에서 돌아가신 것이다.

밥상머리의 주인, 예수께서 차려주신 구원의 밥상

예수께서는 유월절 만찬을 준비하게 하신 후, 제자들과 함께 마지막 만찬을 나누었다. 이러한 마지막 만찬에 구원의 먹이가 되어주신 '주의 성찬'은 너무나 중요한 것이어서 복음서와 함께 고린도전서 11장에도 잘 나타나고 있다. 마가복음에서 만나는 예수님의 마지막 만찬, 구원의 밥상은 14:22-26에 나타난다. 마가는 이날이 니산월 14일에 시작되는 무교절의 첫날 곧 유월절 양을 잡는 날, 이집트의 노예생활에서 해방된 해방의 절기를 축하하는 날이었음을 언급하는데 이는 예수 그리스도야말로 유월절의 어린양임을 암시해주는 것이다.

제자들은 예루살렘 성내의 '큰 다락방'을 찾아 그곳에서 유월절 만찬의 음식을 준비했다. 그 식탁에는 1년 된 흠 없는 어린양, 무교병의 빵, 쓴나물, 소금물 그리고 포도주 등이 차려졌는데 이는 출애굽을 기리며 해방의 하나님, 구원의 하나님 그리고 창조주 하나님께 감사드리며 찬양하는 만찬이었다.

밥상머리의 주인이신 예수께서 그 만찬을 나누시다가 빵을 들어 축복하시고 그 빵을 떼어 받으라고 말씀하신다.(막 14:22) 그리고 포도주의 잔을 들어 감사하신 후 제자들에게 주셨고 제자들이 다 마시자 이 포도주는 "많은 사람을 위하여 흘리는 나의 피 곧 언약의 피니라"(막 14:24)고 말씀하신다. 그러므로 함께 나눈 마지막 만찬의 빵과 포도주를 자신의 몸과 피와 동일시하고 있는 것이 밥상머리의 말씀이었다.

그들이 먹을 때에 예수께서 떡을 가지사 축복하시고 떼어 제자들에게 주시며 이르시되 받으라 이것은 내 몸이니라 하시고 또 잔을 가지사 감사 기도 하시고 그들에게 주시니 다 이를 마시매 이르시되 이것은 많은 사람을 위하여 흘리는 나의 피 곧 언약의 피니라(막 14:22-24)

또한 마태복음 26장에는 마가복음과 마찬가지로 밥상머리의 주인이신 예수께서 빵을 떼고 그것을 분배한 후에 "받아서 먹으라 이것이 내 몸이니라"(막 26:26)고 첫 번째 말씀을 하시고 하나님께 감사드린 다음 포도주를 나누어주면서 "너희가 다 이것을 마시라"(마 26:27)고 말씀하시면서 이 포도주는 "죄사함을 얻게 하려고 많은 사람을 위하여 흘리는 바 나의 피 곧 언약의 피"라고 두 번째 말씀을 하신다. 마가복음과 마찬가지로 예수께서는 빵과 포도주와 피를 동일시하고 있는 것이 예수 그리스도의 밥상머리의 말씀이었음을 알 수 있다.

그들이 먹을 때에 예수께서 떡을 가지사 축복하시고 떼어 제자들에게 주시며 이르시되 받아서 먹으라 이것은 내 몸이니라 하시고 또 잔을 가지사 감사 기도 하시고 그들에게 주시며 이르시되 너희가 다 이것을 마시라 이것은 죄 사함을 얻게 하려고 많은 사람을 위하여 흘리는 바 나의 피 곧 언약의 피니라(마 26:26-28)

누가복음 22:7도 마가복음처럼 밥상머리의 말씀이 "유월절 양을 잡을 무교절"임을 암시함으로써 예수 그리스도가 유월절에 희생되는 어린양임을 암묵적으로 보여주고 있다. 예수께서는 제자 베드로와 요한을 예루살렘 성 안으로 들여보내 유월절 절기를 지키며 만찬을 할 수 있는 방을 알아보게 하고 잔치의 음식을 준비하게 하셨다. 예수께서는 "이 유월절이 하나님의 나라에서 이루기까지 다시 먹지 아니하리라"(눅 22:15)고 말씀하시면서 빵과 잔을 제자들에게 나누어주신다. 예수님은 "이것은 너희를 위하여 주는 내 몸이라 너희가 이를 행하여 나를 기념하라"(눅 22:19)고 하시며 떼어낸 빵을 나누고 있다. 또한 저녁 먹은 후에 잔을 들어 "이 잔은 내 피로 세우는 새 언약이니 곧 너희를 위하여 붓는 것이라"(눅 22:20)고 하시며 받아 마시게 하신다.

> 또 떡을 가져 감사 기도 하시고 떼어 그들에게 주시며 이르시되 이것은 너희를 위하여 주는 내 몸이라 너희가 이를 행하여 나를 기념하라 하시고 저녁 먹은 후에 잔도 그와 같이 하여 이르시되 이 잔은 내 피로 세우는 새 언약이니 곧 너희를 위하여 붓는 것이라 그러나 보라 나를 파는 자의 손이 나와 함께 상 위에 있도다 인자는 이미 작정된 대로 가거니와 그를 파는 그 사람에게는 화가 있으리로다 하시니(눅 22:19-20)

여기에 반해서 요한복음에는 공관복음서와 상응하는 성찬식 본문이 없다. 그러나 우리는 요한복음 6장에서 성찬식 신학으로 이해할 수 있는 예수님의 말씀을 발견할 수 있으며 또한 유월절 전날 밤 예수께서 제자들의 발을 씻기시는 장면을 통해서도 구원의 성찬에 대한 증언을 확인할 수 있다.(요 13:1-11) 예수께서는 보리빵 다섯 개와 물고기 두 마리로 성인 남자 5,000명을 먹게 하신 기적을 베푸신 후 "썩는 양식을 위하여 일하지 말고 영생하도록 있는 양식을 위하여 하라… 하나님의 떡은 하늘에서 내려 세상에게 생명을 주는 것이니라"(요 6:27, 33)고 하시면서 "내가 곧 생명의 떡이니 내게 오는 자는 결코 주리지 아니할 터이요 나를 믿는 자는 영원히 목마르지 아니하리라"(요 6:35)고 말씀하신다. 그런 후에 예수께서는 자신을 생명의 떡으로 소개하기를, "나는 하늘로서 내려온 산 떡이니 사람이 이 떡을 먹으면 영생하리라 나의 줄 떡은 곧 세상의 생명을 위한 내 살이로라"(요 6:51)고 하신다.

이런 점에서 요한은 예수님이야말로 인류를 살리려는 하나님의 현존 곧 떡(빵)이며 생명을 주시는 분임을 밝히고 있다. 요한은 예수님을 썩어 없어질 만나가 아니라 영원한 생명의 만나이며 인류를 구원하실 유월절의 어린양으로 이해하고 있는 것이다. 그러므로 예수께서는 "내 살을 먹고 내 피를 마시는 자는 내 안에 거하고 나도 그 안에 거하나니…이 떡을 먹는 자는 영원히 살리라"(요 6:56, 58b)고 역설하신다.

> 예수께서 이르시되 내가 진실로 진실로 너희에게 이르노니 인자의 살을 먹지 아니하고 인자의 피를 마시지 아니하면 너희 속에 생명이 없느니라 내 살을 먹고 내 피를 마시는 자는 영생을 가졌고 마지막 날에 내가 그를 다시 살리리니 내 살은 참된 양식이요 내 피는 참된 음료로다 내 살을 먹고 내 피를 마시는 자는 내 안에 거하고 나도 그의 안에 거하나니 살아 계신 아버지께서 나를 보내시매 내가 아버지로 말미암아 사는 것 같이 나를 먹는 그 사람도 나로 말미암아 살리라 이것은 하늘에서 내려온 떡이니 조상들이 먹고도 죽은 그것과 같지 아니하여 이 떡을 먹는 자는 영원히 살리라(요 6:53-58)

요한복음에 나타난 예수님의 밥상머리의 말씀, 예수 그리스도의 살과 피를 먹고 마신다는 것은 어떤 의미일까? 그것은 마치 한약 재료를 탕약기에 넣고서 농축될 때까지 정성껏 달이듯이 우리의 마음속에서 구원의 먹이가 되어주신 예수님의 말씀을 달이고 달여서 그 말씀이 내 삶에 농축되어 나의 삶이 되도록 하는 것과 마찬가지다. 바울은 "그리스도 안"에서 살고 "그 안에서" 하나님을 섬기고 서로 사랑해야 한다는 말을 그가 쓴 서신에서 무려 164회나 사용하였다.

성찬식은 유대인의 유월절과 내용적으로 연속성을 가지고 있다. 그러나 유월절 식사는 단지 하나님이 이집트 파라오 왕에게 재앙을 내려 탈출한 해방의 날을 기념하는 것이기 때문에 예수님이 제정하신 성찬식은 유월절 식사와는 근본적으로 다르다. 그럼에도 복음서에 나타난 유월절 만찬은 유월절에 잡아 그들의 해방을 기리는 잔치의 음식으로 사용되는 어린양을 예수 그리스도 자신과 비교하고 있으며 어린양의 살과 피 그리고 잔치에서 사용될 빵과 포도주를 예수님의 살과 피로 대치시키고 있다.

그러므로 유월절 어린양의 죽음이 이집트 노예생활에서 자유를 얻게 하는 해방의 사건이었던 것처럼 예수님의 유월절 만찬 곧 구원의 밥상은 첫째로 밥상머리의 주인이신 예수께서 자신의 몸을 인류를 위한 구원의 먹이로 내어놓으신 예수 그리스도를 기억하는 것, 둘째로 주의 성찬을 통하여 십자가의 죽음을 꿰뚫고 부활하신 예수님을 회상하며 축하하는 것, 셋째로 예수의 살(빵)과 피(포도주)를 먹고 마시는 '주의 성찬'을 통하여 예수 그리스도 안에서 하나 되는 일치와 연합과 상생을 이루는 것, 넷째로 사랑의 실천으로 이어지는 '주의 성찬' 곧 나눔과 섬김을 수반으로 하는 구원의 밥상이 되어야 한다는 것, 다섯째로 '주의 성찬'이라고 하는 예수님의 살과 피가 인간의 구원을 향한 구원의 밥상임은 물론 지구적·우주적 생명 공동체가 누릴 평화의 세계를 향한 구원의 밥상임을 기억하고 다짐하는 그것이다.

신앙의 갱신과 교회개혁으로서 구원의 밥상

우리가 짐작하듯이 초대교회에는 두 가지 형태의 만찬이 있었다. 하나는 예배 전 함께 나누는 '사랑의 만찬'이요 다른 하나는 '예식으로서의 성찬'이다. 마가복음 14:17 이하를 보면, 이런 두 가지의 모습이 결합되어 나오고 있다. 예수께서 제자들과 함께 식사를 하시다가 빵을 들어 축복하신 후 빵을 떼어 "받으라 이것은 내 몸이니라"(막 14:22)고 말씀하셨다. 그리고 식후에 포도주 잔을 들고 감사하신 후 "이것은 많은 사람을 위하여 흘리는 나의 피 곧 언약의 피니라"고 말씀하시면서 성찬을 거행하셨다.

사도행전의 초대교회는 십자가를 지신 예수 그리스도와 함께 부활하신 예수 그리스도를 기리며 '사랑의 만찬'과 '예식으로서의 성찬' 모두를 거행했다. 그런데 기원후 55년경의 고린도 교회에 '사랑의 만찬'을 놓고 문제가 생겼다. 당시는 재정이 넉넉하지 못한 상태였기 때문에 경제적으로 여유 있는 사람들이 음식을 만들어 가정(교회)에 가지고 와서 경제적 여유가 없는 교우들과 함께 만찬을 했다. 그런데 경제적 여유가 있는 교우들이 여러 종류의 음식을 만들어 와서는 자기들은 좋은 음식을 먹는 반면에 가난한 교우들에게는 그렇지 못한 음식을 나누어준 것이다. 그러니까 '사랑의 공동식사'라는 의미는 다 잊어버리고 부요한 신앙인들끼리만 나누어 먹었던 것이다.

바울은 교회에 속해 있는 그리스도인들은 그들이 부요하든지 가난하든지, 남성이든지 여성이든지, 어떠한 은사를 받았든지 그리고 어떤 형편에 처해 있든지 예수 그리스도 안에서 '한 가족'이요 '한 몸'이기에 사랑의 식탁을 함께 나누어 먹어야 한다고 강조했다. 고린도전서 11장에서 바울은 예수 그리스도의 성찬이 빵과 포도주를 봉헌하는 것과 공동으로 함께 먹고 마시는 것으로 분리된다고 생각하지 않았다. 바울은 주께서 베푸신 성찬을 통해 안식 후 첫날인 주의 날에 함께 모여 '사랑의 만찬' 곧 사랑의 식탁을 함께 나눈 후 예배를 드리고자 하는 초대 그리스도인들에게 주의 성찬의 참뜻을 보여주려고 했다. 주의 살과 피를 함께 나누는 '주의 성찬'을 통해서 예수 그리스도의 십자가를 기념하고 회상하면서 '거룩한 하나'가 되게 하고 파당과 분쟁으로 얼룩진 고린도 교회를 하나로 묶어가려고 한 것이다.

> 내가 너희에게 전한 것은 주께 받은 것이니 곧 주 예수께서 잡히시던 밤에 떡을 가지사 축사하시고 떼어 이르시되 이것은 너희를 위하는 내 몸이니 이것을 행하여 나를 기념하라 하시고 식후에 또한 그와 같이 잔을 가지시고 이르시되 이 잔은 내 피로 세운 새 언약이니 이것을 행하여 마실 때마다 나를 기념하라 하셨으니(고전 11:23-25)

바울이 제시한 성찬은 차별적이고도 분파적인 고린도 교회 교인들을 예수님의 십자가의 죽음과 부활의 신앙을 하나로 묶는 성만찬이었다. 그러므로 바울이 고린도 교회에 보여준 예수 그리스도의 몸과 피는 당시의 교회를 갱신하고 개혁해나가고자 한 '주의 성찬' 곧 구원의 밥상이었다.

고린도전서보다 약 40-50년 후인 90-110년경에 기록된 요한복음에는 마태복음, 마가복음, 누가복음 그리고 고린도전서에서 보여준 주의 성찬과는 차별된 성찬이 나타난다. 공관복음에서는 성찬이 유월절 전날 밤, 예수께서 잡히시기 전날 밤에 행하신 최후의 만찬 때 거행되고 있다. 그러나 요한복음 6:59에서는 유월절이 아닌 보통 날이며 장소는 가버나움이라고 한다. 그리고 요한복음 13장에서는 유월절 전날 밤의 식사 때에 예수께서 일어나셔서 제자들의 발을 씻어주는 이야기를 전하고 있다. 유월절 전날 밤의 성찬의 이야기는 보이지 않는다. 왜 이렇게 달라졌을까?

요한의 공동체가, 요한을 중심으로 하는 교회가 성찬을 모를 턱이 없었을 것이다. 요한이 요한복음을 쓸 때는 이미 마태복음, 마가복음과 누가복음이 읽히던 때였고 고린도전서 또한 읽히고 있었다. 그렇기에 요한이 다른 복음서의 내용을 모를 리가 없었다. 뿐만 아니라 세례와 성찬은 중요한 교회의 의식이었기에 몰라서는 안 되는 것이다. 그럼에도 불구하고 요한복음에는 다른 모양 곧 "내 살과 피를 먹으라"고 말씀하시는가 하면 함께 만찬을 나누시다가 아무 말 없이 "제자들의 발을 씻기시는 예수 그리스도"의 모습을 전하고 있다.

요한은 무엇을 위해서 성찬에 대한 이야기를 생략하고 말았을까? 요한은 시간과 장소에 따라 고정화되고 습관화된 성찬에 문제를 제기하면서 지극히 형식화된 초대교회의 성찬의식에 문제를 제기하고 있음이 분명하다. '주의 성찬'이 하나의 교회 행사로 전락하여 그 본질이 변해버린 성찬식과 함께 성찬에만 참여하면 신앙인으로서의 의무를 다했다고 믿는 그들의 신앙에 문제를 제기하고 있는 것이다. 그러므로 요한은 당시 교회에서 행해지는 습관적인 '주의 성찬'에 대해 깊이 반성하면서 사랑의 실천을 강조하고 있는 것이 분명하다. 요한은 사랑의 나눔이 없는 성찬, 약한 이들을 돌보지 않는 성찬, 남의 때 묻은 더러운 발을 씻어주고 감싸주는 섬김이 없는 당시의 교회를 지적하면서

'주의 성찬'인 구원의 밥상을 통해 신앙의 개혁과 교회의 개혁을 시도하고자 한 것이다.

오늘의 한국교회는 아무런 생각 없이 '성찬'에 사용할 빵에 방부제, 착색제, 설탕보다 6-10배나 더 달고 몸에 해로운 '액상 과당'으로 만든 각종 첨가물과 농약에 오염된 빵을 사용해서는 안 될 것이다. 유기농 밀로 만든 빵(유기농 쌀로 만든 떡)을 준비하여 그 빵으로 하여금 그리스도의 살과 몸을 기념하게 하는 정성이 담겨 있어야 할 것이다. 땀방울과 정성이 들어가지 않은 그러한 빵에서 어떻게 예수 그리스도의 십자가의 고통을 맛볼 수 있겠는가? 뿐만 아니라 성찬에 사용될 포도주를 시장에서 파는 화학 포도주로 대신하여 마시게 해서는 결코 안 될 것이다. 온 교회가 깨끗한 유기농 포도를 구입하여 정성껏 담근 포도주로 예수 그리스도의 잔이 되게 해야만 한다. 이러한 빵과 포도주로 예수 그리스도를 기리면서 자신의 죄성을 토해놓아야 하며 한국교회의 분열의 죄성 그리고 한국 사회의 냄새 나는 죄성도 모두 고백해야 한다. 이러한 성찬을 통해 한국교회를 개혁해나가야만 남북의 화해와 평화통일을 향한 거룩한 행진도 할 수 있을 것이다. 그래야만 우리 한국교회가 구원의 먹이로 오신 예수 그리스도를 통하여 오늘의 병든 사회와 세계를 치유하고 화해하면서 하나님이 그리시는 아름다운 생명 공동체를 만들어갈 수 있을 것이다.

오늘 지구촌 세계에 필요한 구원의 밥상

세계의 교회는 입을 모아 하나님의 형상을 지닌 인간의 생명이 부서지고 파괴되는 죽임의 현실을 여러 각도에서 조명하면서 문제를 제기하고 있다. 그들이 제시한 문제를 열 가지로 요약하면 다음과 같다.

첫째, 지구촌 구석구석에서 전쟁과 테러 등으로 고난받고 신음하며 생명의 위협을 받고 있는 이웃들의 현실, 둘째, 우리 인간에 의해 부서지고 찢겨져서 고통당하며 탄식하고 있는 피조세계의 생명 죽임의 현실, 셋째, 인간과 생태계를 죽임의 현실로 몰아가고 있는 정치적·군사적·경제적 불의의 현실, 넷째, 세계 특히 남반구의 세계가 하루에 1달러도 되지 않는 돈으로 간신히 하루를 버티고 있는 절대빈곤의 살인적인 가난의 현실, 다섯째, 끝없는 소비주의, 부의 무한 축적과 함께 사회의 책임윤리의식이 결여된 사유재산, 사회적 약자를 도태시키고 마는 사회·경제·정치의 현실, 여섯째, 가난한 자의 희생과 자연의 희생을 강요하고 있는 신자유주의 곧 물질을 최고의 가치로 여기고 물신주의와 경제적 부와 번영이 구원의 길임을 확신하는 현실, 일곱째, 경제부국 곧 제국들의 무차별적인 경제의 성장정책, 극대화된 다국적이며 초국적인 기업의 탐욕적인 이윤추구의 현실, 여덟째, 자국의 이익과 안전과 번영을 가장 우선시 하고 자본가들의 이윤을 더욱 증대시키고 있는 반민중적인 제국의 사회·경제·정치적 현실, 아홉째, 사랑과 정의와 나눔과 평등과 봉사라는 기독교적인 가치관이 상실된 무신성의 생명 부재의 현실 곧 반그리스도적인 생명 죽임의 현실, 열째, 기후온난화로 인한 자연적 재앙과 그로 인한 지구적·우주적 생명 공동체의 파괴의 현실이 그것이다.

여기에 한 가지 덧붙이자면 한반도의 분단과 함께 핵전쟁의 위협 그리고 무분별한 원자력 발전소로 인한 핵의 위협이 한반도와 세계 도처에 자리하고 있는 것이 오늘의 현실이다.

이러한 현실에서 구원이란 과연 무엇일까? 그것은 무엇보다도 먼저 모든 죄성에서부터 구원함을 받아 영원한 하나님 나라를 바라보면서 살아가는 것이다. 둘째로 비인간화된 모든 것에서 벗어난 참된 인간, 타자를 위한 인간으로 회복하는 것이다. 마지막으로 인간을 억누르는 모든 사회·경제·정치적인 억압과 차별에서 해방되어 하나님의 생명·정의·평화가 넘치는 참 구원과 해방의 삶을 살아가는 것이다.

그렇다면 오늘 우리가 하나님의 구원을 향하여 준비해야 할 '주의 성찬'은 어떠해야 할까? 그것은 중세기 교회가 성찬에 대한 논쟁으로 서로 분열하고 다투었던 성찬과 같이 되어서는 결코 안 될 것이다. 우리가 기억하고 있듯이 로마가톨릭교회의 성찬은 빵과 포도주가 우리 몸에 들어와 예수님의 살과 피가 된다는 화체설(化體說)이나 종교개혁을 단행한 루터가 주장한 것처럼 빵과 포도주 속에 예수께서 영적으로 임재한다고 하는 영적임재설(靈的臨齋說), 츠빙글리가 역설한 것처럼 성찬의 빵과 포도주가 예수 그리스도의 살과 피를 상징한다는 상징설(象徵說), 그리고 칼뱅이 말한 것처럼 성찬의 빵과 포도주를 마심으로 구원의 주요 생명의 주인 예수 그리스도를 회상하고 기념한다는 기념설(記念說)로 분열되고 말았다.

그러나 오늘날의 동방교회, 동방정교회, 루터교회, 개혁교회(장로교회), 감리교회, 로마가톨릭교회, 오순절교회, 복음주의교회는 복음서와 고린도전서에 나타난 주의 성찬 곧 구원의 밥상에 대하여 다음의 다섯 가지 사실과 모두 일치하고 있다. 첫째, 주의 성찬은 교회일치의 가장 최상의 표현이요, 둘째, 성찬식은 신앙생활의 원천이고 절정이며, 셋째, 성찬식은 교회 갱신을 위한 기초이고 기준이며, 넷째, 성찬식에서 믿는 사람들의 공동체는 그리스도와 더불어 새로워지며, 다섯째, 성찬식에서 교회 구성원들은 성령을 통하여 늘 새롭게 된다는 것이다.

그러므로 구원의 먹이가 되어주신 예수 그리스도의 '성찬'은 예수 그리스도를 따라 우리 또한 밥상의 먹이가 되자는 신앙운동이요 교회의 자기 혁신운동이며 개혁운동이어야 하는 것이다. 또한 구원의 먹이가 되어주신 '주의 성찬'은 밥상의 밥을 먹음으로써 하늘의 복을 먹으며 이웃과 공동체의 평화를 위해 '밥의 불의'와 맞서 싸워나가는 정의운동이요, 모든 생명을 온전한 생명 되게 하는 생명운동이다. 그뿐이 아니다. 구원의 먹이가 되어주신 주의 성찬은 전쟁의 위협 속에 있는 분단된 남과 북이 함께 하나 되어 떼려야 뗄 수 없는 상생 공동체가 되게 하는 것이며 남과 북이 서로 아끼고 나누며 사랑하는 평화운동이기도 하다. 그리하여 남과 북은 세계가 만들어낸 가장 반신앙적이요 비인도적인 분단을 끊어버리고 평화통일을 이룩하여 아시아의 평화는 물론 세계의 평화에 이바지해야 하는 것이다.

밥상머리의 주인이 되신 예수 그리스도는 자신의 모든 것을 구원의 먹이로 내어놓으시고 자신의 모든 것을 아낌없이 다 쏟아놓으셨다. 그렇기에 '주의 성찬'은 전쟁과 그로 인한 난민으로, 절대적 빈곤으로, 질병으로 그리고 자연생태계 파괴로 신음하는 오늘의 인간을 향한 구원의 부르심인 것이다. 구원의 먹이가 되어주신 '주의 성찬'은 하나님이 그리시는 가장 아름다운 세상, 하나님의 생명·정의·평화가 충만한 세상을 향한 '하나님의 선교'의 부르심인 것이다.

'생명의 밥상 평화의 세상'을 향하여 나가는 말

하나님이 바라시는 생명·정의·평화의 모습은 무엇인가? 그것은 세계교회가 강조하는 바처럼 온갖 형태의 불의를 거부하는 것이며 동시에 사회정의, 경제정의, 생태정의, 성(性)정의 등 사회의 약자를 돌보며 그들을 섬겨나가는 것이다. 그리하여 오늘의 우리 사회는 물론 지구촌 세계를 하나님이 바라시는 아름다운 세상으로 만들기 위해 자신의 것을 함께 나누며 살아가야만 모든 생명 공동체가 생명·정의·평화가 충만한 삶을 살아갈 수 있는 것이다.

오늘의 세계는 2007-08년을 기점으로 식량부족의 시대로 접어들었다. 나 자신의 배부름과 풍족함은 우리의 반대쪽에 살아가는 사람들에겐 식량부족 그리고 살인적인 빈곤과 맞닿아 있다. 그들은 신음하며 눈물을 흘리고 있을 수도 있다. 이러한 식량위기의 시대에 가장 구체적인 사회정의의 모습은 지금까지 배불리 먹던 식탐의 삶에서 벗어나 자신만을 생각하며 살아가는 이기주의적인 생각과 소비자향적인 삶의 모양을 버리는 것이다. 나아가서 가난한 이웃과 남을 먼저 생각하며 절제하고 검소하며 소박한 삶을 살아가는 것이다.

음식의 주체는 하나님이며 그 하나님은 모든 것을 함께 나누며 함께 넉넉하고 함께 기뻐하는 삶을 살아가기를 원하시는 분임을 알아야 한다. 그래야만 밥상의 부재로 극빈의 삶을 살아가며 절규하는 사람들에게 나의 것을 나누는 공동체 지향적이요 책임윤리적인 신앙의 삶으로 바뀌는 것이다. 하나님께서 바라시는 하나님의 나라는 작은 것 하나라도 반드시 나누어 가지는 '나눔의 정의'를 통해 시작되는 것이다. 이러한 하나님 이해를 실천하려면 지금까지 다루어온 대로 우리가 날마다 대하는 밥상부터 달라져야 한다. 구약과 신약성서에서 만나는 하나님은 우리 모두가 함께 풍성한 생명(abundant life), 충만한 생명(full humanity)을 누리기를 바라시는 하나님이다.

그러므로 가장 구체적인 생명·정의·평화의 삶은 음식의 나눔에서

부터 시작된다. 생존의 문제로 눈물을 흘리며 신음하는 극빈의 이웃들, 600만 이상의 비정규 노동자들, 100만 이상의 청년실업자들을 비롯하여 서로 불신하는 우리 사회와 가난에 짓눌려 있는 북녘의 동포들과 아시아 및 지구촌 세계의 형제자매들과 함께 나누어 먹는 한솥밥의 음식이 되게 해야 한다. 인간은 물론 이 땅에 숨을 쉬며 살아가는 모든 생명 공동체와 함께 평화를 누리며 살아가게 하는 것, 이것이 바로 오늘에 필요한 음식신앙이요 음식신학이며, 음식윤리인 것이다.

음식이 바뀌면 신앙이 바뀌고, 신앙이 바뀌면 교회가 바뀌고, 온 세상도 하나님이 기뻐하시는 아름다운 모습으로 바뀔 것이다. 음식에 대한 오늘 우리의 관점을 바꿔서 음식을 모두가 다 함께 넉넉하고, 모두가 다 함께 만족하고, 모두가 다 함께 더불어 살아가는 것으로 이해하면서 나의 것을 나누어 가진다면 그것이야말로 하나님이 기뻐하시는 정의로운 생명·정의·평화의 밥상 곧 하나님이 그리시는 생명·정의·평화의 세상이 되는 것이다. 이러한 아름다운 세상을 오늘 여기에서 함께 열어가야만 하나님께로부터 "잘하였도다 착하고 충성된 종아"(마 25:21, 23)라고 불리게 될 것이다.

참고문헌

원칙적으로 신학서적들과 함께 성서주석들을 최우선으로 참고하였으며 아래의 책들은 이러한 주제를 연구하는 데 직간접으로 도움을 받은 책들이다.

영문 도서

Adamson, Melitta Weiss. *Food in Medieval Times.* Westport, Connecticut, London: Greenwood Press, 2004.

Alcock, Joan P. *Food in the Ancient World.* Westport, Connecticut, London: Greenwood Press, 2006.

Jung, L. Shannon. *Sharing Food.* Minneapollis: Fortress Press, 2004.

_____________. *Food for Life.* Minneapollis: Fortress Press, 2004.

Kinsler, Ross and Kinsler Gloria. *The Biblical Jubilee and the Struggle for Life.* NY: Orbis, 1999.

Koenig, John. *New Testament Hospitality.* Philadelphia: Fortress Press, 1985.

Lappe, Frances Moore, Joshep Collins, Peter Rosset, Luis Esparza. *World Hunger.* New York, NY: Grove Press, 1998.

McKibben, Bill. *Deep Economy.* New York: Henry Holt and Company, 2007.

Mepham, Ben. *Food Ethics.* London and New York: Routledge, 1996.

Newman, Elizabeth. *Untamed Hospitality.* Grand Rapids: Brazos, 2007.

Pawlick, Thomas F. *The End of Food.* Fort Lee, New Jersey : Barricade, 2006.

Petrini, Carol. *Slow Food : The Case for Taste.* New York : Columbia University Press, 2004.

Pratt, Lonni Collins & Daniel Homan, O.S.B. *Radical Hospitality.* Massachusetts : Paraclete Press, 2002.

Schut, Michale, ed. *Food & Faith.* Denver : Living the Good News, 2006.

__________. *Simpler Living Compassionate Life.* New York, Harrisburg, Denver : Morehouse Publishing, 2008.

Swenson, Allan A. *Foods Jesus Ate and How to Grow Them.* New York : Skyhorse Publishing, 2008.

Yong, Amos. *Hospitality & The Other.* New York : Orbis, 2008.

번역도서

다나카 아키요시. 박지민 옮김. 『지구상에는 1초마다 축구장 하나만큼 초록빛이 사라지고 있어요』. 서울 : 황매, 2005.

돈 콜버트. 김지홍 옮김. 『예수님처럼 식사하라』. 서울 : 브니엘, 2003.

라즈 파텔. 유지훈 옮김. 『식량전쟁 : 배부른 제국과 굶주리는 세계』. 서울 : 영림카디널, 2009.

레이 로렌스. 최기철 옮김. 『로마제국 쾌락의 역사 : 역사상 가장 강렬했던 쾌락의 기록』. 서울 : 미래의창, 2011.

린드세이 벅슨. 김소정 옮김. 『환경호르몬의 반격 : 환경호르몬으로부터 내 아이와 가족을 보호하는 방법』. 서울 : 아롬미디어, 2006.

마귈론 투생 사마. 이덕환 옮김. 『먹거리의 역사』 상. 서울 : 까치, 2006.

__________. 『먹거리의 역사』 하. 서울 : 까치, 2006.

마하트마 간디. 김태언 옮김. 『마을이 세계를 구한다』. 서울 : 녹색평론사, 2006.

미셸 초스도프스키. 이대훈 옮김. 『빈곤의 세계화』. 서울 : 당대, 1998.

미하일 벨커. 임걸 옮김. 『성찬식에서 무엇이 일어나는가?』. 서울: 한들출판사, 2000.

반다나 시바. 한재각 외 다수 옮김. 『자연과 지식의 약탈자들』. 서울: 당대출판사, 2000.

브라이언 헬웨일. 김종덕·허남혁 옮김. 『로컬 푸드』. 서울: 도서출판 시울, 2007.

브루스터 닌. 안진환 옮김. 『누가 우리의 밥상을 지배하는가』. 서울: 시대의창, 2008.

수잔 조지. 이대훈 옮김. 『외채 부메랑』. 서울: 당대출판사, 1992.

안토니 F. 치폴로·레이너 W. 헤세 주니어. 박상덕·공민희 옮김. 『성경과 함께 하는 요리 바이블 쿠킹』. 서울: 포세이돈, 2009.

알트 프란츠. 손성현 옮김. 『생태주의자 예수』. 서울: 나무심는사람, 2003.

엠마뉘엘 수녀. 백선희 옮김. 『풍요로운 가난』. 서울: 마음산책, 2001.

웬델 베리. 정승진 옮김. 『나에게는 컴퓨터가 필요없다』. 서울: 양문출판사, 2002.

________. 문채원·정혜정 옮김. 『희망의 뿌리』. 서울: 산해출판사, 2004.

________. 정경옥 옮김. 『생활의 조건』. 서울: 산해, 2004.

윌리엄 레이몽. 이희정 옮김. 『독소: 죽음을 부르는 만찬』. 서울: 랜덤하우스, 2008.

이케다 가요코. 한성애 옮김. 『세계가 만일 100명의 마을이라면 3: 음식편』. 서울: 국일미디어, 2005.

장 지글러. 유영미 옮김. 『왜 세계의 절반은 굶주리는가?: 유엔 식량특별조사관이 아들에게 들려주는 기아의 진실』. 서울: 갈라파고스, 2007.

제레미 리프킨. 신현승 옮김. 『육식의 종말』. 서울: 시공사, 2002.

제레미 시브룩. 황성원 옮김. 『세계의 빈곤, 누구의 책임인가?』. 서울: 이후, 2007.

제인 구달·게리 매커보이·게일 허드슨. 김은영 옮김. 『희망의 밥상』. 서울: 사이언스북스, 2006.

조에타 핸드릭 슐리박. 김현정 옮김. 『나눔의 밥상』. 서울 : 한얼미디어, 2006.

조제 보베·프랑스와 뒤푸르·질 뤼노. 홍세화 옮김. 『세계는 상품이 아니다 : 세계화와 나쁜 먹거리에 맞선 농부들』. 서울 : 울력, 2002.

조지프 E. 스티글리츠·앤드루 찰턴. 송철복 옮김. 『모두에게 공정한 무역』. 서울 : 지식의숲, 2007.

존 로빈슨. 이무열 옮김. 『육식, 건강을 망치고 세상을 망친다 1』. 서울 : 아름드리미디어, 1997.

———. 『육식, 건강을 망치고 세상을 망친다 2』. 서울 : 아름드리미디어, 1997.

존 로빈슨. 안의정 옮김. 『음식혁명 : 육식과 채식에 대한 1000가지 오해』. 서울 : 시공사, 2002.

찰스 B. 헤이저 2세. 장동현 옮김. 『문명의 씨앗, 음식의 역사』. 서울 : 가람기획, 2000.

피터 M. 로셋. 김영배 옮김. 『식량주권 : 식량은 상품이 아니라 주권이다』. 서울 : 시대의창, 2008.

피터 싱어·짐 메이슨. 함규진 옮김. 『죽음의 밥상 : 농장에서 식탁까지, 그 길고 잔인한 여정에 대한 논쟁적 탐험』. 서울 : 산책자, 2008.

하이드룬 메르클레. 신혜원 옮김. 『식탁 위의 쾌락』. 서울 : 열대림, 2005.

해롤드 제임스, 이헌대 외 2인 옮김. 『세계화의 종말 : 대공황의 교훈』. 한울출판사, 2001.

헬렌 니어링. 공경희 옮김. 『소박한 밥상』. 서울 : 디자인하우스, 2001.

호세 루첸베르거 외. 홍명희 옮김. 『지구적 사고 생태학적 식생활』. 서울 : 생각의나무, 2000.

국문도서

강성열. "성서의 음식 규례와 오늘의 먹을거리." *Cannon and Culture* 2호(통권 4호), 2008.

강원돈, 조용훈 외. 『생명문화와 기독교』, 한남대학교 기독교문화연구소 총서 3집. 서울 : 한들출판사, 1999.

공해문제연구소 편. 『내 땅이 죽어간다』. 서울 : 일월서각, 1991.

곽재욱. 『트랜스지방』. 서울 : 신일북스, 2006.

권영근 편. 『위험한 미래』. 서울 : 당대출판사, 2000.

기준성. 『사람의 먹거리』. 서울 : 정신세계사, 1991.

김민웅. 『보이지 않는 식민지』. 서울 : 삼인출판사, 2001.

김덕중. "음식규례와 거룩." *Cannon and Culture* 2호(통권 4호), 2008.

김상보. 『조선시대의 음식문화』. 서울 : 가람기획, 2006.

김수현. 『밥상머리 마음공부』. 서울 : 중앙생활사, 2004.

______. 『김수현의 생명밥상』. 서울 : 북폴리오, 2005.

김아리. 『음식을 바꾼 문화, 세계를 바꾼 음식』. 서울 : 아이세움, 2008.

김은진. 『유전자조작 밥상을 치워라』. 서울 : 도솔, 2009.

김준헌. 『경제적 세계화와 빈곤문제 그리고 국가』. 서울 : 집문당, 2008.

김준형. 『전쟁과 평화로 배우는 국제정치이야기』. 서울 : 책세상, 2006.

김지하. 『생명과 평화의 길』. 서울 : 문학과지성사, 2005.

김태정 · 손주영 · 김대성 편. 『음식으로 본 동양문화』. 서울 : 대한교과서, 1998.

김호경. "누가공동체의 식탁교제에 반영된 예수 이해." 「신학사상」 104(1999) : 146-168.

______. "누가공동체의 식탁교제와 선교." 「현대와 신학」 24(1999) : 80-95.

류모세. 『열린다 성경 식물이야기』. 서울 : 두란노, 2008.

문성희. 『평화가 깃든 밥상』. 서울 : 샨티, 2009.

박용남. "MB노믹스와 식량체제의 재편성." 「녹색평론」 99, 2008년 3-4월.

박재순. "예수의 밥상 공동체의 운동 교회." 『1980년대 민중신학의 전개』. 서울 : 한국신학연구소, 1990.

세계화에관한국제포럼. 이주명 옮김. 『더 나은 세계는 가능하다 : 세계화, 비판을 넘어 대안으로』. 서울 : 필맥출판사, 2002.
안병무. 『민중신학 이야기』. 한국신학연구소, 1988.
———. 『갈릴래아 예수』. 한국신학연구소, 1992.
———. 『생명을 살리는 신앙』. 한국신학연구소, 1997.
안혜령. 『농부의 밥상』. 서울 : 소나무, 2007.
여성희. 『알록달록 과자의 비밀』. 서울 : 현암사, 2009.
이기영. 『음식이 몸이다』. 서울 : 살림, 2011.
임영상·최영수·노명환 편. 『음식으로 본 서양문화』. 서울 : 대한교과서, 1999.
장시복. 『풍요 속의 빈곤, 모순으로 읽는 세계경제 이야기』. 서울 : 책세상, 2008.
장세훈. "레위기 19장 19절과 GMO논쟁." *Cannon and Culture* 2호(통권 4호), 2008.
장일순. 『나락 한 알 속의 우주』. 대구 : 녹색평론사, 2007.
정경호. 『함께 부르는 생명평화의 노래』. 서울 : 한들출판사, 2009.
정끝별. 『정끝별의 밥시 이야기, 밥』. 서울 : 마음의숲, 2007.
주영하. 『음식전쟁 문화전쟁』. 서울 : 사계절, 2006.
———. 『음식인문학』. 서울 : 휴머니스트, 2011.
차정식. "음식과 식사의 신학적 지형학." *Cannon and Culture* 2호(통권 4호), 2008.
최성현. 『좁쌀 한 알』. 서울 : 도솔, 2004.
최윤식·배동철. 『2030년 부의 미래지도』. 서울 : 지식노마드, 2009.
———. 『2020년 부의 전쟁 in Asia』. 서울 : 지식노마드, 2010.
황태영. 『음료의 불편한 진실』. 서울 : 비타북스, 2012.

■ 정경호

영남신학대학교와 장로회신학대학원을 거쳐 캐나다 맥매스터 대학교 신학대학원에서 종교교육학(M. R. E.)과 신학(M. Div.) 수업을 마친 후 뉴욕 유니온 신학대학원에서 기독교윤리학 석사(S. T. M.) 및 철학석사(M. Phil.)와 기독교사회윤리학으로 박사학위(Ph. D.)를 취득하였다. 그동안 대구제일교회 부목사, 캐나다 스카보로 연합교회 교육목사 및 담임목사, 뉴욕 올바니 한인장로교회와 뉴욕 선한목자장로교회 담임목사로 사역했다. 현재 모교인 영남신학대학교에서 후학들을 가르치고 있다.

그는 에큐메니컬 운동과 시민사회운동에도 큰 관심을 가져 세계개혁교회(WCRC)의 실행위원으로 봉사했으며 "평화통일대구 시민연대" 상임대표를 역임하였고 현재는 "6·15공동선언실천 대구경북본부"의 상임대표로 활동하고 있다.

지은 책으로는 『다시 생각하는 종말과 악의 문제』, 『함께 부르는 생명평화의 노래』가 있다. "분단된 한반도의 신앙인들이 이해해야만 할 난쟁이 그리스도"를 비롯한 통일에 관한 다수의 논문과 "생명의 바그라짐에서 생명의 어우러짐으로", "대구경북 지역 사회의 생명평화를 향한 기독교윤리적 과제" 등의 아시아 생명 평화신학을 향한 논문 그리고 생명의 밥상에 관한 여러 논문이 있다.